本书编写委员会

顾　问　张六安

主　审　（以姓氏笔画为序）

卢　艺　李宇亮　张建军　蒋　剑　谢艳林

主　编　王忠容

编　委　（以姓氏笔画为序）

王泽烨　孔丽君　龙芙蓉　伊　琳　李光辉
肖　鲲　余莉莉　陈思达　林东星　易秀芳
和玲霞　周建伟　谈　超　彭　鑫　董佳琳

编　写　（以姓氏笔画为序）

王为文　王忠容　王泽烨　王静瑶　龙芙蓉
卢生宇　吕　磊　闫德千　孙　遥　杨春燕
李光辉　李宇亮　李　维　肖　鲲　吴积标
何雪青　余莉莉　宋　蕾　张　阳　张　博
张　鑫　陈　慧　林东星　林金杨　欧阳亮
易秀芳　和玲霞　周建伟　周玲玲　周　蓓
庞　莉　郑　哲　夏礼财　夏　莹　高洪武
梁超均　彭　鑫　董佳琳　谢　羡　谢衡辉
熊　波

中小学教育智慧文库
ZHONGXIAOXUE JIAOYU ZHIHUI WENKU

走心序列主题班会案例

ZOUXIN XULIE ZHUTI BANHUI ANLI

王忠容◎主编

暨南大学出版社
JINAN UNIVERSITY PRESS

中国·广州

图书在版编目（CIP）数据

走心序列主题班会案例/王忠容主编. —广州：暨南大学出版社，2020. 4
（中小学教育智慧文库）
ISBN 978 - 7 - 5668 - 2849 - 1

Ⅰ. ①走…　Ⅱ. ①王…　Ⅲ. ①班会—教案（教育）—高中　Ⅳ. ①G635. 5

中国版本图书馆 CIP 数据核字（2020）第 034336 号

走心序列主题班会案例
ZOUXIN XULIE ZHUTI BANHUI ANLI
主　编：王忠容

……………………………………………………………………………………

出 版 人：张晋升
责任编辑：李倬吟
责任校对：刘舜怡　梁念慈
责任印制：汤慧君　周一丹

出版发行：暨南大学出版社（510630）
电　　话：总编室（8620）85221601
营销部（8620）85225284　85228291　85228292（邮购）
传　　真：（8620）85221583（办公室）　85223774（营销部）
网　　址：http：//www. jnupress. com
排　　版：广州尚文数码科技有限公司
印　　刷：广州市穗彩印务有限公司
开　　本：787mm × 1092mm　1/16
印　　张：11. 75
字　　数：242 千
版　　次：2020 年 4 月第 1 版
印　　次：2020 年 4 月第 1 次
定　　价：42. 00 元

序

立德树人是中小学教育的根本任务，加强中学生思想道德教育，培育和践行社会主义核心价值观，是新时期学校德育工作的新要求。开展主题班会是班主任工作的主要内容，是学校德育的重要途径，也是落实学校立德树人根本任务的基本方式，学校对学生进行的思想道德教育主要通过主题班会这一载体来体现。

主题班会是一种集体性的教育活动，根据德育的要求确定相应的主题内容，并针对和结合班级的实际进行，班级全员参与，围绕主题开展群体教育活动，让班级和学生个体都受到相应的教育。作为一项德育课程，主题班会根据不同的主题可以有不同的教育目标和内容，也可以有相应的形式，如素材型班会、叙事型班会、活动型班会、探究型班会、思辨型班会、体验式班会、心法式班会等，但是从班会促进学生品德形成“内生外化”的意义上说，无论哪一种形式的主题班会，在设计和实施过程中，都应该是一种“走心”的立德树人——走进学生心灵，让品德形成过程经历品德的知、情、意、行生成的心路历程。因为，学生心灵成长才是真正的成长，德育的使命即引导学生心灵成长，让学生成为心灵的主人，让其有思考力、有辨别力、学会做人、学会学习、学会选择和学会创造，这实质上就是促进学生良好的思想品德的形成与发展。

引领心灵成长的内涵，德育要引导学生心灵成长，首先要走进其心灵，只有走进心灵，直面心灵的问题，与学生的心灵坦然对话，才能获得心灵的认同，进而引导心灵、助力心灵成长。走进学生心灵，对话心灵和引领心灵成长过程的德育，称为走心德育①。走心序列主题班会的设计理念是贴近学生、贴近实际、贴近生活，让学生在主题班会活动中，品德形成过程经历从表层感知到深层内化、从内生到外化的心路历程，进而形成良好的行为品德。

《走心序列主题班会案例》一书正是一群基于走心德育理念的班主任对主题班会的走心式设计与实施的探索、总结和提炼的成果。其中走心序列主题班会的内容结构主要是根据珠海市实验中学“善美”校园文化建设的大主题，以育“善美”学生为德育目标来设计的，并根据每个年级的育人目标设计主题班会课，其中高一年级主题为“礼仪·诚信”：泱泱中华，诚信为本，导之以礼，齐

---

①李季. 走心德育：品德形成的深层引导［J］. 中小学德育，2017（2）：5－9.

之以德。刚进入高中的学生，学会做人是其适应高中生活的第一课，而高一就是老师们播种美好心灵的时刻，种善得善，高一新生需要在老师的指导下为自己的人生种下一颗神圣的种子，这颗种子会发出一株叫礼仪的芽，秀丽挺拔，风流倜傥；它也会生出一道叫诚信的根，厚植于土，终成大器。因此，高一主题班会围绕“礼仪”与“诚信”展开。高二年级主题为“仁爱·尊重”：高中阶段的学生年轻气盛、棱角正方，对人生、世界的认识还模糊未清，所以这个阶段是他们人际交往问题的高发期，也是心理问题的多发期，为了避免高中生在成长阶段中对自我认知有所偏差、不断出现矛盾纠纷，需要班主任通过各种形式去对他们展开以“仁爱”与“尊重”为主题的教育与濡染。“仁者必敬人”，仁爱与尊重具有内在的相通性，懂得仁爱，就会懂得尊重；懂得尊重，也就形成了事实上的仁爱。高三年级主题为“责任·感恩”：学生进入高三，步入成年，左肩担未来之责任，右肩扛学业之压力，在高三走心序列主题班会设计中，将“责任”与“感恩”作为修身行动的主题词，意在激发学生强大的心志，担当起个人之于未来、家庭、社会、国家的责任，梁启超有言：“人生须知负责任的苦处，才能知道尽责任的乐趣。”当一个人有了责任心，那么他会努力把每一件事做得完美。

贴近生活、联系实际，价值引领成长感悟。《走心序列主题班会案例》围绕每一年级的育人目标开展主题班会，其中高一年级以“礼仪·诚信”为主题，开展“你若彬彬有礼，校便亭亭玉立”“文明礼仪伴我行”等16个主题班会；高二年级以“仁爱·尊重”为主题，开展“让仁爱之花散发永远的芬芳”“尊重他人，尊重自己”等17个主题班会；高三年级以“责任·感恩”为主题，开展“把责任扛在肩上”“我的考场我做主”等17个主题班会，高中三年一共开展50个主题班会，从而达到学生品德形成内生外化的教育效果。正所谓“随风潜入夜，润物细无声”，这是班主任们的走心力作，也让人看到了一群用心思考和潜心做学生心灵摆渡人的可爱班主任形象。

《走心序列主题班会案例》有六大亮点：一是走心性，每一个主题班会都是从学生的角度设计问题，引导学生参与，唤醒学生的内心，打动学生，从而让学生的品德由外到内地形成；二是主题性，主题明确，分年级围绕一个成长主题目标来设计主题班会；三是序列性，不同年级的学生教育有一个层次性和连贯性，有利于整体构建学校的德育工作体系，形成一个完整的育人系统；四是实践性，这套走心序列主题班会在全校各年级已经开展实施，并初步取得成效；五是有效性，不同年级不同阶段开展走心序列主题班会，避免不同年级开重复的主题班会及开主题班会的随意性；六是应用性，序列主题班会体系在珠海市实验中学的开展已初步形成规模，每个年级都在按计划开展，目标明确，主题突出，操作简单，具有很好的应用推广性，根据学生的心理和生理成长特点来编排设计班会，起到了范式的作用；七是可操作性，每一个主题班会都有具体的方案，并且附有班主任的教学反思，便于使用本书的班主任作进一步优化。

感人心者，莫先发乎情。本书针对落实党的十八大报告指出的“把立德树人作为教育的根本任务，培养德智体美全面发展的社会主义建设者和接班人”的教育改革发展的方向探索出新的途径，通过走心序列主题班会的开展，让学生积极参与其中，并从中体悟做人的道理，学会做人、学会学习、学会创造，把学生培养成“有礼、有信、有爱、有尊、有责、有恩”的“六有”学生，对于培育和践行社会主义核心价值观，是直观有效的途径；同时，主题班会的开发与实践如何能真正形成一个整体系统、体现学校教育特色并充分发挥育人功能，对于每所学校来说都非常重要，形成一个系统而全面的主题班会体系，把以往零散的做法进行全面规划，避免随意性和盲目性，并形成特色，经过实践检验后再进行修正，有针对性、有阶段性的序列主题班会有助于学校形成完整的德育体系，不仅可以让学生终生受益，还可以升华提炼，逐渐形成学校德育特色，并转化为校园特色文化。

《走心序列主题班会案例》富有理论指导性和实践探索性，它不仅是一项校本性德育创新行动的成果，更是富有德育高效针对性和走心育人有效性的德育新思路和班会新样态，对探索新时期落实立德树人根本任务的新模式、促进中小学生思想品德的健康健全发展具有务实探新的意义。

李　季
2019 年中秋

（李季：广东省中小学德育研究与指导中心副主任、广东省家庭教育研究会会长、广东第二师范学院教授）

目 录
CONTENTS

高三篇 责任·感恩

高一篇

礼仪·诚信

以诚为本，以礼至性

泱泱中华，诚信为本，导之以礼，齐之以德。刚进入高中的孩子，学会做人是他们适应高中生活的第一课。学生伴着金黄的九月，踏入高中的那一刻，我们就紧紧相连，老师的责任是通过自己的言行教导学生持重守正，学生怀着一颗虔诚的心膜拜于知识的圣殿。

三年一个轮回，为了收获金灿灿的果实，老师和学生肩并肩、手拉手地劳作在这片叫作“习惯”的土地上。而高一就是我们播种的时刻，种善因，结善果；种恶因，结恶果。善恶因果终有报，所以高一新生需要在老师的指导下为自己的人生种下一颗神圣的种子。

这颗种子会发出一株叫礼仪的芽，秀丽挺拔，风流倜傥；它也会生出一道叫诚信的根，厚植于土，终成大器。只要老师和学生携手努力，中华民族复兴之路上必定有你我的身影！

本篇采撷了高一年级优秀班主任的班会案例，希望能帮助读者在教育学生、完善自身的职业生涯中收获更多的成就。

润　松

你若彬彬有礼，校便亭亭玉立

易秀芳

活动目的

（1）感受中国传统礼仪之美。

（2）通过思考，发现并反思在自己身上和身边发生的礼仪缺失的行为及影响。

（3）通过示范，将校园礼仪运用到生活中，使学生成为彬彬有礼的实验学子与中国人。

活动准备

（1）排练开场舞《礼仪之邦》。

（2）下载歌曲《礼仪之邦》。

（3）准备课件。

活动过程

一、活动导入

舞蹈表演《礼仪之邦》。

表演者：李雨珊、丁婷、林恩如、刘佳辰、马诗岚（原国学班成员刘佳辰、马诗岚友情出演，特别鸣谢）。

二、活动开始

（一）主持人开场词

中国是一个有着悠久历史的文明古国，西周开国元勋周公旦制《周礼》，到儒家极力推崇礼乐仁政，这些文明的渊薮让这个文明古国赢得“礼仪之邦”的赞誉，孔子言“不学礼，无以立”，《晏子春秋》中也强调“凡人之所以贵于禽兽者，以有礼也”。近几年热播的古装电视剧《甄嬛传》《琅琊榜》均具有中国“传统味道”，彰显着中华传统礼仪之美。

（二）跟着古人学礼仪

课件放映电视剧《琅琊榜》中的揖礼坐姿示范片段，并展示不合礼仪的坐姿，给学生示范适用于公共场合的标准坐姿。

（三）推选你心中的礼仪美少年

选你身边的礼仪美少年，说说哪些细节让你印象深刻。

（四）直面自己或身边的不符合文明礼仪的现象

主持人：荀子曾说“君子博学而日参省乎己，则知明而行无过矣”，想要达到“知明而行无过”，就需要我们广泛地学习，并且每天对自己的行为进行反省，这是一种可贵的反思精神，请大胆指出自己身上或你发现的不符合文明礼仪的现象（可以说校园内的，也可以说家庭的或其他公共场合的），并告诉我们怎样做才是最得体的。（学生自由发言）

（五）班主任易老师话礼仪

（1）老师目睹学校“无礼”之怪现状，你是否“中枪”？（课件展示）

①到老师办公室送作业或因其他原因进入办公室时，不敲门、不打报告、过于喧闹、离开时没有使用礼貌用语。

②在校园见到老师时视而不见。

③上课铃响过，老师正向教室走来，热闹或冷清；值日生依然没有把黑板擦干净。

④老师已开始讲课，晚来者从敞开的后门直接冲向自己的座位；下课铃响，老师还没说“下课”，人已趴在桌上。

⑤单手从老师手中领取作业或奖状等。

⑥升旗时或聊天，或低头，对五星红旗无庄重之心。

⑦校服三粒纽扣一粒未扣。

⑧自己产生的生活垃圾不用小塑料袋回收到抽屉里，直接放在地面上。

⑨以自我为中心，干扰他人休息。

老师：高中三年，集体宿舍生活占据了生活回忆的大部分。“己所不欲，勿施于人”，宿舍虽不大，但欢笑盈室。（放映高二3班各宿舍海报）

（2）平时去上学和放学进门第一件事是什么？

家庭礼仪：上学、放学或外出回家，都应向长辈打招呼。客人来访，要热情地接待；客人告辞时，应起身相送。长辈休息时，不要轻易打扰他们；长辈生病了，要勤问候。（课件放映）

2005年，记者曾拜会著名的地理历史学家侯仁之及夫人，告辞时，已经八十高龄的侯夫人面向客人几番后退躬身相送，令在场的人无不感叹。侯夫人毕业于燕京大学，那时，在大学里，礼仪也是一门必修的课程。

（3）中国人在国外的文明礼仪形象。（课件放映）

在巴黎，公共场合有中文的地方并不多，但去过巴黎圣母院的中国人都会看到“请保持安静”这句中文告示；据说，这是专门示意给爱在公众场合“热闹”的中国人看的，而其他国家包括法国的游客并没有这种“礼遇”。

美国人的环保艺术很到位，在珍珠港景区，与园林互为一体的垃圾桶是很难被发现的。为此，美国人特意在垃圾桶前写下“垃圾桶在此”这句中文告示；据说，这是专门提醒没有耐心找垃圾桶的中国人，而其他国家包括美国的游客并没有这样的“待遇”。

在全国“两会”上，全国政协委员、沈阳市政协主席赵金城向大会提交了“关于在幼儿园、中小学开设礼仪课程”的提案。赵金城在提案中指出：近几年，我国出境旅游人数激增。国外针对中国游客“不修边幅、不讲卫生、不懂礼仪、不守秩序、不遵法规、不爱护环境和公共设施、喧哗吵闹”等不文明行为的警示也越来越多，令国人心痛面赧。“中国人请不要吸烟”“中国人请不要大声讲话”……出境游客的不文明行为严重损害了我国“礼仪之邦”的形象和国际声誉。

三、老师总结

肯尼迪的名言振聋发聩：“不要问你们的国家能为你们做些什么，而要问你们能为国家做些什么。”那么年轻人，你能为国家做点什么？就从平时的一言一行做起，从每一节课的问好开始，从每一次升旗仪式开始，从穿着干净得体的校服开始……如果你走出国门，一个人便代表一个国，你若彬彬有礼，国便亭亭玉立。

教后记

作为班级的管理者，以德树人始终是德育的方向，高中生不仅要学会学习，更要学会如何与他人相处，而文明礼仪是成人的必修课，通过主题班会让学生充分重视文明礼仪在人际交往中的重要性。可喜的是，学生在班会之后形成了日常文明礼仪习惯，如进出老师办公室使用文明用语、校服能至少扣两粒扣子、校园内见到不认识的老师也能主动问好等，作为班主任，我很欣慰。只要我们愿意做，就能使一株小草催发成整个春天。

心存敬畏，行之高远

王泽烨

活动目的

（1）通过名人轶事（姚明）、名人丑事（河北第一秘书李真）感受敬畏与否的差别。

（2）通过歌曲《海阔天空》（信乐团演唱）感知敬畏的力量，分析歌词“冷漠的人，谢谢你们曾经看轻我……”，以“为何要敬畏敌人”展开讨论，以此来提升道德素养。

（3）通过学习主题班会课件来明确敬畏的等级：貌恭顺，内心的敬仰，平等对待每一个人，勤反省。

活动准备

（1）搜集河北第一秘书李真贪污腐败覆灭的材料。

（2）下载歌曲《海阔天空》。

活动过程

一、活动导入

孔子曰：“君子有三畏：畏天命，畏大人，畏圣人之言。小人不知天命而不畏也，狎大人，侮圣人之言。”有的人把敬畏之心当成枷锁，认为是懦弱的代名词；有的人把它看成安身立命的法宝。心存敬畏是人生的大智慧，不仅是一种人生态度，还是一种行为准则。只有心存敬畏之心，才能行之高远。今天让我们感受敬畏之心，感受儒家经典文化，提升我们的道德素养。

二、活动开始

（一）敬畏的高度

老师：（展示姚明与小朋友玩耍的图片）请看看他是谁，为何身高 2.26 米的“巨人”要跪在小朋友身边？他的高大如何体现？

（放完录像）老师：人的高度，不应该只有厘米和米作为单位！

学生自由发言。

老师：第一，父母呼，应勿缓；父母命，行勿懒。父母教，须敬听；父母责，须顺承。第二，兄道友，弟道恭；兄弟睦，孝在中。（《弟子规》）

（二）敬畏敌人

老师：对于身边至亲至近的人，我相信大家都可以怀着敬畏之心，行感恩之事。

老师：毫不相干的人，值得我们敬畏与感恩吗？敌人，值得我们敬畏与感恩吗？

播放《海阔天空》，学生自由跟唱。

学生分析歌词“冷漠的人，谢谢你们曾经看轻我……”。

老师：结合校本教材《六尺巷》的故事和纪晓岚打官司的故事，我们一起来探讨敬与不敬的区别。

学生自由发言。

老师感悟：子曰：“巧言令色，鲜矣仁。”

“王 sir”感言：真正的敬畏并不在脸色上，真正的威严也不在相貌上。

（三）敬畏生命

弘一法师在圆寂前，再三叮嘱弟子在把他的遗体装龛时将四个脚下各垫上一个碗，碗中装水，以免蚂蚁、虫子爬上遗体后在火化时被无辜烧死。好几次看弘一法师的传记，每当我读到这个细节，总是为弘一法师对于生命深切的怜悯与敬畏之心所深深感动。

法国思想家史怀哲曾在《敬畏生命》中写到，他在非洲志愿行医时，有一天黄昏，看到几只河马在河中与他们所乘的船并排而游，突然感悟到了生命的可爱与神圣。于是，“敬畏生命”的思想成了他之后努力倡导和不懈追求的事业。

其实，也只有在我们拥有对于生命的敬畏之心时，生命才会在我们面前呈现出无限生机，我们才会时时处处感受到生命的高贵与美丽。地上搬家的小蚂蚁、春天在枝头鸣唱的鸟儿、高原雪山脚下奔跑的羚羊、大海中戏水的鲸鱼等，无不丰富了生命世界的底蕴。我们也才会时时刻刻在体验中获得“鸢飞鱼跃，道无不在”的生命顿悟与喜悦。

因此，每当读到那些关于生命的故事，我的心中总会深切地感受到生命无法承受之重，如撒哈拉大沙漠中，母骆驼为了使即将渴死的小骆驼喝到够不着的水潭里的水而纵身跳进了潭中；老羚羊们为了使小羚羊们逃身而一个接着一个跳向悬崖，因而能够使小羚羊在它们即将下坠的刹那以它们为跳板跳到对面的山头上；一只母狼望着在猎人的陷阱中死去的小狼而在凄冷的月夜下呜咽嗥叫。其实，不仅仅只有人类才拥有爱与被爱的生命光辉。

有时候，我们敬畏生命，也是为了更爱人类自己。丰子恺曾劝告小孩不要去踩蚂蚁，不要肆意用火或水去杀害蚂蚁。他认为自己那样做不仅仅出于怜悯之心，更是怕小孩子的那一点点残忍心以后会扩大起来，以致驾着飞机、装着炸弹去轰炸无辜的平民。

确实，我们敬畏地球上的一些生命，不仅仅是因为人类有怜悯之心，更因为它们的生命原就是人类的命运；当它们被杀害殆尽时，人类就像是最后一块多米诺骨牌，接着倒下的也便是自己了。

（四）敬畏的等级

老师：敬畏的第一层是貌恭顺。学习是沟通了解的保障，因此，了解之后才能产生敬畏。敬畏的第二层是内心的敬仰。内心修养与道德水平是敬畏的根本。敬畏的第三层是发自内心，平等地看待每个人，尊重每个人。人非圣贤，孰能无过？敬畏之心也是一样，难免有细小过错，有冒失之言，有情急之举，所以敬畏的最高层就是勤反省，这也是儒学最耀眼的光芒。常怀敬畏心，时时思己过，不是我懦弱，天道重感恩。

三、老师总结

感恩不应只是嘴上说说，敬畏更不会是懦弱。人可以强大，但不能自大。我们得认清自己是社会的人，人际交往需要感恩与敬畏，生命更需要如此。同学们，让我们以信念和行动践行感恩和敬畏，让自己的灵魂真正高大起来！

教后记

感恩与敬畏，是中国人乃至全世界善良人民最崇高的美德。学生青少年时期的心智变化剧烈，人格逐渐形成，传统文化教育应为青少年注入中国的精魂。儒家说孝顺，无非就是懂得感恩与敬畏，通过感恩与敬畏和谐地生活在复杂的社会里，达到天人合一的境界，本班会的主旨在于提升学生的道德素养。

谦谦君子，菁菁校园

龙芙蓉

活动目的

（1）让学生了解与学习和文明礼仪相关的知识，使学生认识到文明礼仪就在我们的身边，体会文明礼仪的重要性。

（2）倡导学生知行合一，在实际行动上贯彻文明礼仪，将“创建美丽校园，争做文明学生”进行到底。

活动准备

（1）准备开场舞及配乐。

（2）准备抢答赛奖品。

（3）下载“霸座”视频。

（4）排练快板《校园文明三句半》。

活动过程

一、活动导入

孔子曾说：“有朋自远方来，不亦乐乎?”今天我们的班会有这么多老师和同学的捧场与指导，大家高兴吗？那我们应该怎么表示啊？（热烈鼓掌）兄弟班的同学们，我们班的欢迎仪式够不够热烈？要不要我们来点更热烈的欢迎仪式？请欣赏新疆同学特别的欢迎仪式——民族舞蹈。

作为新时代的青少年，你们不能忘记讲文明、知礼仪的优良传统，应该力争做讲文明、懂礼仪的好学生。因为谦谦君子，才能成就菁菁校园，这就是我们今天的班会主题。

二、活动开始

（一）学习文明礼仪之风

什么是“文明礼仪”呢？简单地说就是一种律己、敬人的行为规范，是表现对他人尊重和理解的过程与手段。文明礼仪具体表现为四个方面：礼貌、礼节、仪表、仪式。那这些文明礼仪的常识你又知道多少？现在我们来进行文明常识抢答赛，规则如下（略）。

（二）探寻文明礼仪之殇

中华民族自古以来就是讲究品德教育、个人修养的民族。一个甜蜜的微笑、一句道歉的话语、一次主动的让座，都会融汇成美德赞颂曲中一个个拨动人心的音符。它虽微不足道，却是我们生活中不可缺少的，然而现实生活中有许多人在践踏它，如高铁“霸座男”。你怎么看待他的行为？

法国作家大仲马说过：“有些人学习了一生，并且学会了一切，但没有学会怎样才是有礼貌。”我想这句话用来形容“霸座男”最为贴切。那么在我们校园里面是否同样存在不文明的行为呢？

虽说我们从小接受文明礼仪的教育，很多同学都能滔滔不绝地大谈文明礼仪，可是校园中不文明行为依然随处可见，如在校园中随处丢弃纸屑、饮料瓶，某些同学口吐脏话等。难道我们都是“语言的巨人、行动的矮子”吗？我们接受文明礼仪的教育，自己却吝于履行，甚至反其道而行之，这跟从来没有接受教育有什么区别？所以我们要实践校园文明，就要从“知行合一”上下功夫，从自己的坐言起行上下功夫，要以实际行动告别不文明的行为。

（三）实践文明礼仪之行

人们常说：“闲谈莫论人非，静坐常思己过。”现在请同学们拿出纸与笔，在纸上写下你自身存在的不文明行为，有多少写多少。写好后放在桌面，待会儿我会全部收上来。每个人都有或多或少的缺点，包括我自己。（学生活动）

（一分钟后）现在我请每列最后一桌的同学把纸张都收上来放在讲台上。你们差不多把所有的不文明行为或现象都放在我这里了，等下我要把这些不文明行为全装在垃圾袋里扔掉，希望这些不文明的行为、现象会随着纸片的“消失”而永远“消失”。

从踏进校园开始，我们每天都呼吸着她馥郁的芬芳，采撷着知识的花粉，我们不希望看到一些不和谐的“音符”，我们定要努力实现校园文明。请听我们的承诺《校园文明三句半》：

①甲：我们四人台上站！乙：要把文明常规谈！丙：你还别嫌我麻烦！丁：往这看！

②甲：自尊自爱重仪表！乙：诚实守信讲文明！丙：遵规守纪勤学习！丁：很重要！

③甲：尊敬国旗要肃立！乙：高唱国歌要整齐！丙：校训呼号要响亮！丁：听我喊！

④甲：天天来把卫生搞！乙：贵在保持习惯好！丙：遇到废纸不放过！丁：

重环保！

⑤甲：文明教育搞得好！乙：好人好事真不少！丙：文明之花哪最多？丁：十一班！

三、老师总结

有人说："如果你失去了今天，你不算失败，因为明天还会再来。如果你失去了金钱，你不算失败，因为人生的价值是金钱买不到的。如果你失去了文明礼仪，你就彻彻底底地失败了，因为你已经失去了做人的根本！"所以今天的班会课，老师只希望各位能牢牢记住"人无礼，无以立"，谦谦君子，方能成就菁菁校园。

教后记

这次主题班会活动是对学生进行文明礼仪教育的好机会，学生在校的表现也确实有所改观，但并不是一次主题班会活动就能让所有学生的文明礼仪修养有很大的提升，对学生进行文明礼仪教育将是一项常抓不懈的工作，是班主任及其他教育工作者要长期承担的一项重任。

文明礼仪伴我行

高洪武

活动目的

（1）学生通过看录像、听录音、阅读材料、讨论等系列活动，懂得我国是世界闻名的"礼仪之邦"，讲文明、懂礼貌是中华民族的优良传统，更是一个现代文明人必须具备的修养。

（2）学生继承优良传统美德，增强爱国情感，养成良好的行为习惯，初步树立社会责任感。

活动准备

（1）学生搜集有关中华文明礼仪的故事等资料。

（2）搜集有关学生礼仪的音像、文字材料。

活动过程

一、活动导入

主持人：中国自古以来就是礼仪之邦，讲文明、懂礼貌是中华民族的优良传统，作为高中生，我们更不能忘记传统，应该力争做一个讲文明、懂礼貌的好学生，让文明之花常开心中，将文明之美四处传播！

二、活动开始

（一）家庭文明礼仪

主持人：中国是一个有着几千年文明历史的古国，文化源远流长。作为礼仪之邦，中国历史上有很多故事至今仍深深地教育和影响着我们，下面请观看历史故事视频《孔融让梨》。

主持人：看完这个小故事，同学们觉得在生活中我们应该怎样对待家人？（学生发言）

甲：尊敬长辈，爱护幼小。

乙：做身体力行的事，为家人分忧解难。

主持人：如果家里来了客人，我们应该怎么做呢？下面请欣赏小品《家里来客了》。

主持人：如果你家来客人了，你会怎么做？（学生发言）

甲：主动地打招呼，端茶倒水，争做热情好客的人。

乙：给客人温暖的感觉，让他（她）有在自己家的感觉。

丙：见到客人，要尊重对方，称呼哥哥、姐姐、叔叔、阿姨。

主持人：我们一周有五天在学校里生活、学习，那么在学校里，我们该如何体现文明礼仪呢？

（二）校园文明礼仪

主持人："礼学"是中国文化的重要组成部分，在中国，人与人之间的交往是需要礼仪这座桥梁来搭建的。也正因如此，这种中华传统美德需要我们继续传承下去，下面我们学习如何待人接物。

学生示范正确的走姿、站姿、坐姿、交往礼仪、递物与接物礼仪。

主持人：这些是我们常用的校园礼仪，你们都学会了吗？请欣赏小品《同学病了》。

主持人：通过这个小品，大家认为该如何与同学们相处？（学生发言）

甲：同学间应该互帮互助，维护同学友谊。

乙：有同学生病了，同桌或者舍友应该在不影响学习的情况下关照生病的同学。

主持人：我们共同生活在这座美丽的校园，共同学习在高一16班这个大家庭中，我们应该和谐相处。在前段日子里，我们班里出现了几幕这样的情景，同学们对此有什么看法？请看小品《课间活动》。(学生发言)

甲：课间是同学们休息的时候，有的同学需要小憩一会儿，有的同学在讨论问题，小品中的同学在课间打闹、大声喧哗是不对的，会影响他人学习或休息。

（三）文明用语

主持人：谈吐能反映一个人的文化教养，作为文化人、文明人，除了要求内在高雅、有文化内涵外，言行还要区分场合、注意分寸，要得体，讲文明、懂礼貌是中华民族的传统美德。树立一个人的美好形象，首先要做到说话文明，那么，现代文明礼貌用语又有哪些呢？下面请听录音《日常文明用语》。

主持人：这些用语，你们都用过吗？你们还可以补充一些其他的文明用语吗？(学生发言)

主持人：人与人相处时难免有磕磕碰碰，犯错之后的一声“对不起”就能使对方的怒气烟消云散，不然会产生意想不到的后果，请看小品《你碰到我了!》。

主持人：同样的一件小事，却有两种截然不同的结果。生活中，我们学会文明用语，是我们做人的一项基本道德修养。请听我们班同学对学习文明用语的体会：诗朗诵《今天你文明了吗?》。

主持人：同学们，今天我们学习了很多礼仪方面的知识，作为一名高中生，我们遇到师长、来宾，应主动敬礼问好；上下楼梯，人多拥挤，注意谦让，靠右行走，保障畅通；讲究卫生，不乱扔果皮纸屑，见到垃圾随时捡；爱护公共财物，不乱写乱画，严格遵守学校规章制度，相互监督，共同促进，争做一个讲文明、懂礼仪的好学生。最后请班主任为我们做活动点评。

三、老师总结

亲爱的同学们，作为一名高中生，作为中华民族的后代，我们有义务有责任弘扬我们的礼仪传统，树立良好的自身形象。文明礼貌是一粒种子，只要在心里播下这粒种子，它就会在我们的精神世界里生根、发芽、开花、结果，那么我们的社会就会更美好！希望通过这次活动，我们能真正理解文明礼仪的重要性，把文明的种子撒遍生活的每一个角落，让文明之花越开越盛，开遍家园、校园，乃至全社会！

教后记

在当今的青少年中，不少人对应有的礼仪不重视，礼仪观念淡薄。一部分学生在学校里不会尊重他人，不会礼让，不讲礼貌；在社会上不懂怎样称呼他人，满口粗言烂语；在家里不孝敬长辈，唯我独尊、为所欲为等现象屡见不鲜，这些现象不得不引起我们的深思，老师应引导学生以学会尊重他人为起点，因为礼仪本身就是尊重人的外在表现形式。“礼仪”从话里来，话从心中出，只有从内心尊重人，才会有得体的礼仪言行，尊重他人是人与人之间交往的文明礼仪基石。

在学习中享受快乐

欧阳亮

活动目的

（1）通过看录像、交流经验、阅读材料、讨论等系列活动，让学生懂得科学有效的学习方法可以让学习更轻松、更快乐。

（2）把学习方法贯穿到小品、演讲等各种表演形式之中，让学生在活动中明白高效学习的方法，享受学习的快乐。

活动准备

（1）收集调查学生在学习过程中存在的各种问题和困惑。

（2）收集科学合理的学习方法、音像素材等资料。

活动过程

一、活动导入

播放音乐《快乐颂》。

主持人：作为高中生，我们的主要任务是学习，在每天的学习生活中，你快乐吗？你会学习吗？怎样才能快乐地学习？想必这些是各位同学都必须面对和非常期待知道答案的问题，那么，我们今天就一起来讨论快乐学习的话题。

二、活动开始

（一）学生谈问题

主持人：各位同学，我们每天都在应对各个科目的学习，面对相同的学习内容和老师，由于学习态度、学习方法等不同，我们的成绩渐渐地被拉开了距离，慢慢地形成了两种调侃的称谓——“学霸”和“学渣”。下面请观看小品《学渣的烦恼》。

（表演结束）主持人：看到这个小品，同学们觉得在学习生活中有哪些困难？（学生自由发言）

（1）上课能听懂老师讲的内容，但是自己独立完成试题时感觉很吃力，对考试成绩总是不满意。

（2）不会归纳知识，考前很慌张，不知道如何复习。

（3）按照老师的要求制订计划，可总是无法完成学习计划。

（4）总觉得时间不够，每天总是无法完成老师布置的作业。

（5）看到同学能专心地学习，而自己又学不进去，心里非常焦虑。

（6）学过的知识总是记不住，过一段时间就忘得一干二净。

（7）上课时不自觉地走神，心里总是无法安定下来。

（二）学生谈方法

主持人：想必上述烦恼或多或少都困扰过各位同学，而这些问题我们也都尝试解决过，这个过程中都有一些心得、体会和经验，欢迎大家说出来，和其他同学分享。

学生 1：一方面，保持愉快的心情，和同学相处融洽。做事干脆利落，学习积极投入，效率自然会高。另一方面，把个人和集体结合起来，和同学保持互助关系，团结进取，也能提高学习效率。

学生 2：学会总结、梳理知识。周末整理各科本周学习的知识点，归纳总结，学会画知识树。

学生 3：每天保证充足的睡眠。晚上不要熬夜，定时就寝，坚持午睡，坚持体育锻炼，身体是学习的本钱，没有好的身体，再大的能耐也无法发挥。因此，学习再繁忙，也不可忽视放松锻炼。

主持人：以上同学和大家分享了宝贵的经验、优秀的方法，我们都有同感，我们应把视野打开，看看大学的学霸们是怎样学习的。

观看录像资料《清华双胞胎》，展示清华学霸时间计划表。

主持人：看完清华双胞胎学霸的故事后，大家都有哪些新的触动和思考呢？（学生自由发言）

主持人：感谢大家的畅所欲言，希望我们都能够像清华学霸一样珍惜时间，并能合理地安排和利用好自己的每一分钟！

（三）老师谈方法

主持人：在学习的问题上，有一群人，他们既是先行者、领路人、学科的专家，也是最了解我们学习情况的人，他们就是我们的每一位科任老师，下面有请他们给我们介绍一下各个学科的学习方法和注意事项，请同学们认真听、认真记录。掌声有请！

语文老师、数学老师、英语老师等分别谈一下各学科的学习方法和具体注意要点。

（老师发言结束）主持人：非常感谢各位老师细致全面的方法指导和要点提醒！让我们再次用热烈掌声表示感谢！

（四）聆听智慧的语言

主持人：向同学学习，向老师学习，我们还可以向名人、伟人学习。接下来请同学们分组朗读下面几段关于学习的名言警句。

（1）纸上得来终觉浅，绝知此事要躬行。（陆游）

（2）读书有三到，谓心到、眼到、口到。心不在此，则眼看不仔细，心眼既不专一，却只漫浪诵读，决不能记，记亦不能久也。三到之中，心到最急。心既到矣，眼口岂不到乎？（朱熹）

（3）加紧学习，抓住中心，宁精勿杂，宁专勿多。（周恩来）

（4）我阅读关于我所不懂的题目之书籍时，所用的方法，是先求得该题目的肤表的见解，先浏览许多页和好多章，然后才从头重新读起，以求获得精密的知识。（狄慈）

（朗读结束）主持人：类似这样的名言警句，我们在平时的阅读中还会遇到，只要各位同学多留心和记录，一定会获得更多值得我们学习的方法，最后请我们的班主任做总结发言！掌声欢迎！

三、老师总结

亲爱的同学们，今天我们从不同角色、不同角度探讨了学习之道，了解了很多关于如何学习的知识，非常感谢各位老师、同学畅所欲言，将自己的思考和宝贵经验跟大家分享。希望各位同学能够把今天的所听所思重新进行整理，提取精华，结合自身情况转化成适合自己的学习方法，适合自己的才是最好的！学习也是一个螺旋式上升的过程，需要我们不断实践、不断摸索、不断体会、不断优化，只有这样，我们的方法才会越来越好。愿我们在每天的学习中获得成功，获得快乐！

教后记

中学时代是人生的春天，是青少年长身体、长知识、形成人生观的重要时段。明确为什么学习、怎样学习，是每一个中学生必须认清和掌握的问题。作为老师特别是班主任，我们应该引导学生关注学习方法、注重学习效率。学生学会了科学学习之后，就能体会到学习带来的快乐，越来越爱学习。

好习惯成就美好未来

谢 美

活动目的

（1）通过调查和活动，让学生正视现实，发现影响自己学习成绩的坏习惯，认识到好的学习习惯有哪些。

（2）完成情况登记表和“告别陋习，挑战自我”计划书，努力改变坏习惯。

活动准备

（1）让学生总结自己学习上的坏习惯和好习惯（包括同桌的好习惯）。

（2）设计改掉坏习惯的表格，每人一份。

表 1 “告别陋习，挑战自我”计划书

（1）你认为目前阻碍你进步的最严重的陋习是什么
（2）这个习惯可能会对你的人生产生什么影响
（3）克服时间段 第一阶段： 第二阶段： 第三阶段：
（4）克服方法

表 2 克服坏习惯情况登记表

周次项目	完成情况	存在的困难	解决办法	满意度
第一周				
第二周				
第三周				

活动过程

一、活动导入

主持人：首先我们来猜一个谜语：我不是你的影子，但我和你最亲密。我不是你的手脚，但我最听你的话。对成功的人来说，我是功臣；对失败的人来说，我是罪人。培养我，我会为你赢得整个人生；放纵我，我会毁掉你的终生。我到底是谁？我平凡得让你惊奇。（明确答案：习惯）

主持人：对，我们今天要上的就是有关习惯的主题班会课。为什么谜面当中说它既可以成为功臣也可以成为罪人呢？习惯为什么会有如此重要的作用呢？下面我再讲两个故事，大家思考一下这两个故事说明了什么。

其一，在印度和泰国，驯象人用一条铁链将小象绑在水泥柱或钢柱上，无论小象怎么挣扎，它都无法挣脱，小象渐渐习惯，不再挣扎，直到长成了大象，可以轻而易举地挣脱链子时，也不挣扎。大家能得出什么结论？（学生自由发言）

主持人明确：小象被铁链绑住，而大象则被习惯绑住。

其二，一位没有继承人的富豪决定死后将自己的一大笔遗产赠送给一位远房亲戚，这位亲戚是一个常年靠乞讨为生的乞丐。富豪死后，这名接受遗产的乞丐立即成了百万富翁。新闻记者便来采访这名幸运的乞丐："你继承了遗产之后，想做的第一件事是什么？"大家猜一猜乞丐会怎么回答。（学生自由发言）

主持人明确：我要买一只好一点的碗和一根结实的木棍，这样我以后出去讨饭会方便一些。

这两则故事让我们震撼，习惯的力量原来如此巨大，在不知不觉中，我们的命运就被掌握其中了，所以人们说"习惯决定命运"是毫不夸张的。我们现阶段正接受教育，我刚才仔细观察了大家讨论时的表现，发现了很多同学的坏习惯，正是这些坏习惯影响了学习效率，导致学习成绩不理想。不信，我们可以再做一道关于学习时间利用率的计算题。

二、活动开始

（一）心灵体操——看自己一天的时间利用率高不高

学习（工作）时间 = 上课时间 + 自习时间 + 真正被利用的课余时间 – 发呆时间 – 闲聊时间 – 借东西时间

一天时间的利用率 = 学习（工作）时间 ÷ 24 小时

问：你的时间利用率高吗？主要是什么习惯产生的影响？

（二）引以为戒——说说你我的坏习惯

（1）让学生剖析自己，把自己的坏习惯毫不留情地暴露出来。

（2）老师展示收集整理的学生问卷中的坏习惯。

（3）让学生在"坏习惯批斗大会"中意识到细节决定成败的重要性。

①你学过的功课，有没有加以复习？

②你会不会预习将要学的功课？

③你上课的时候，注意力是否集中？

④你是否喜欢回答老师的问题？

⑤你上自习课的时候是否自觉学习？
⑥你不懂的功课，是否向别人请教？
⑦你是不是按时完成作业？
⑧你是否喜欢参与讨论？
以上学习习惯测试重在让学生有种危机感和自责感。

（三）习惯的力量

主持人：习惯是一个人的资本，你有了好习惯，一辈子都有用不完的利息；你有了坏习惯，一辈子都有偿还不了的债务。我们可以看看以下几个例子：

案例：2003 年 1 月 18 日下午 1 时 46 分，在武汉某高校研究生招生考试考点外，一名考生被几个保安人员拦下，被告知已过了规定入场时间（1 时 45 分），眼睁睁地失去了考试资格。该考生说，为了专心备考，他辞掉了网络公司的工作，牺牲了很多东西，到头来却因为这个缘故被拒之门外。在上海，也有考生因为进不了考场而痛哭流涕，其中一位不断向老师苦苦哀求："我为今年考研已经准备了 3 年，我很有信心考上，老师给我一次机会吧。"

主持人：类似的情景在其他地方也存在。泪水，值得同情；规则，应该遵守。如果那些习惯"踩着铃声"进教室的同学还不改掉这个坏习惯，下一个流泪求情的人可能就是你。接下来，我们来看看好习惯能给我们带来怎样的成就吧！

案例 1：苏联教育家苏霍姆林斯基有一个习惯，那就是在清晨尽早开始一天的工作，他每天五点半起床，做早操，喝杯牛奶，吃块面包，然后开始工作，当他习惯了六点钟开始工作以后，又努力再提早十五到二十分钟，几十年如一日，从不间断。他三十几本教育方面的著作和三百多篇学术论文都是在早上五点到八点写成的。好习惯成就了一位举世闻名的心理学家和教育学家。

案例 2：马克·吐温坚持每天清晨默读墙上的好词、佳句，这为他能写出脍炙人口的作品打下了坚实的基础。

主持人：由此可见，拥有一个好习惯是拥有一个成功的人生的必要条件之一。

（四）培养好习惯

（1）向你学习——说说我发现的同学的好习惯。
（2）尊重与欣赏老师的习惯。
（3）自学、预习的习惯。

（4）专心上课的习惯。

（5）认真观察、积极思考的习惯。

（6）善于提问的习惯。

（7）独立完成作业的习惯。

（8）仔细审题的习惯。

（9）练后反思的习惯。

（10）复习归纳的习惯。

（11）整理错题集的习惯。

（五）告别坏习惯——征服自我是一种幸福

主持人：你身上有多少习惯？其中多少是好习惯，多少是坏习惯？成功的程度就取决于好习惯的多少。对于坏习惯，我们该怎么办？

（1）明确征服自我是一种幸福，将坏习惯扼杀于萌芽状态，发扬愚公移山精神，摒弃阻碍自己发展的陋习，努力养成和保持良好的习惯。

（2）分发“告别陋习，挑战自我”计划书。

三、老师总结

美国心理学巨匠威廉·詹姆斯曾说：“种下一个行动，收获一种行为；种下一个行为，收获一种习惯；种下一个习惯，收获一种性格；种下一种性格，收获一种命运。”让我们从今天做起，从现在做起，从小事做起，在生活和学习中培养一个又一个好习惯，让好习惯伴随我们终身，成为我们走向成功和辉煌的五彩阶梯。

教后记

通过这次关于习惯的主题班会的引导，学生在生活和学习中逐渐养成了良好的习惯，让人非常欣慰。“是否真有幸福并非取决于天性，而是取决于人的习惯。”为了学生的幸福，还需老师时常提醒和监督学生养成良好的习惯，希望学生在好习惯的帮助下，学有所成，寻找到自己的幸福。

祖国，我以你为荣

周玲玲

活动目的

（1）通过本次班会，激发学生的爱国热情，培养爱国情怀。

（2）让学生了解祖国的过去，认识祖国的现在，展望祖国的未来，激发民族自豪感。

活动准备

（1）设计会场主题标语，如“长江，祖国的母亲河”“家乡与我共成长”，进行环境布置（黑板、场地等）。

（2）搜集祖国大好山河的图片，课件展示。

活动过程

一、活动导入

主持人：爱国是一种责任，也是每个公民最起码的道德。一个人只有把自己和祖国的命运联系在一起，才能切身体会到心和祖国的命运息息相关，我们是中华儿女，我们是中国人，我们以祖国为荣。

二、活动开始

（一）学生畅谈爱国情

观看视频《一带一路宣传片》《改革开放40周年成果展示》等，让学生了解中国的腾飞，畅谈心中的祖国，激发学生的爱国热情。

习近平主席指出，“一带一路”建设秉持共商、共建、共享原则，不是封闭的，而是开放包容的；不是中国一家的独奏，而是沿线国家的合唱。

口号有：①共建“一带一路”黄金段，“丝路”征程一路歌。②弘扬丝路精神，复兴伟大中国梦。③“一带一路”建设助力东北全面振兴。④推动“一廊一网”，服务“一带一路”。⑤历史尘烟越丝路，绵绵不绝今再复。互联互通相携远，旅游先行人心慕。

“一带一路”是指“丝绸之路经济带”和“21世纪海上丝绸之路”，“一带一路”不是一个实体和机制，而是合作发展的理念和倡议，是充分依靠中国与有关国家既有的双多边机制，借助既有的、行之有效的区域合作平台，旨在借用古代“丝绸之路”的历史符号，高举和平发展的旗帜，积极主动地发展与沿线国家的经济合作伙伴关系，共同打造政治互信、经济融合、文化包容的利益共同体、命运共同体和责任共同体。在2014年博鳌亚洲论坛年会开幕大会上，中国全面阐述了亚洲合作政策，并特别强调要推进“一带一路”的建设。“一带一路”倡议被认为是“中国版马歇尔计划”的战略载体。“合作共赢”应该是“一带一路”的口号。

（二）测测你爱国的程度

（1）主持人：根据对以下句子的认同程度，可以测出一个人是否爱国吗？

①我爱我自己的国家。

②我为自己是一个中国人而感到自豪。

③我认为中国人很了不起。

④在某种程度上，我的情感与国家紧密相连，受国家大事影响。

⑤我会唱中华人民共和国国歌。

⑥我认为升国旗是一件很神圣的事情。

（2）主持人：你能想到哪些爱国名句？

①国家兴亡，匹夫有责。（顾炎武）

②我死国生，我死犹荣，身虽死精神长生，成功成仁，实现大同。（赵博生）

③我是你的，我的祖国！都是你的，我的这心、这灵魂；假如我不爱你，我的祖国，我能爱哪一个人？（裴多菲）

④锦城虽乐，不如回故乡；乐园虽好，非久留之地。归去来兮！（华罗庚）

⑤我是中国人民的儿子。我深情地爱着我的祖国和人民。（邓小平）

（三）诗歌朗诵

学生配乐朗诵舒婷的诗歌《祖国啊，我亲爱的祖国》。

（四）中学生如何爱国

主持人：在日常生活中，我们中学生该如何爱国呢？（学生畅所欲言谈如何爱国）

主持人总结：作为中学生，爱国就要从小事做起，从现在做起，努力学习，报效祖国，将一片丹心献给祖国，用自己的智慧为祖国的明天做贡献。

（五）爱国歌曲串烧

主持人：下面请几位同学为我们展示心中的爱国歌曲。

《我和我的祖国》《我的中国心》《龙的传人》《爱我中华》《歌唱祖国》，这些歌曲时时刻刻激励着我们，鼓舞着我们。今天，我们伟大的祖国像一条正在腾飞的巨龙，民族的伟大复兴历程如高歌猛进！而我们是祖国未来建设的生力军，让我们携手走进祖国的新时代！

（六）深情朗诵

全班同学深情朗诵《少年中国说》。

三、老师总结

少年兴则国兴，少年强则国强。同学们，爱国可以从身边的点滴做起，如爱护自己的身体、保护环境等。我们要适应时代发展的要求，正确认识祖国的历史和现实，增强爱国的情感和振兴祖国的责任感，树立民族自尊心与自信心，今天为振兴中华而勤奋学习，明天为创造祖国辉煌未来贡献自己的力量。

教后记

平时和学生谈到爱国话题的时候，学生热情不高，但这次开展爱国主题班会，学生积极性很高，是因为班主任率先进入角色，以真情实感来激发调动学生的情感体验，并且给学生营造了良好的氛围，围绕主题引导学生参与讨论，从而激发学生的兴趣，充分发挥学生的自主能动性和自我教育潜力。

时间都去哪儿了

周建伟

活动目的

（1）培养学生的时间观念，认识时间的重要性。

（2）引导学生合理利用、安排学习时间，提高学习效率。

活动准备

（1）调查学生在平常生活中是否有浪费时间的现象，以及能否优化。

（2）调查学生在高中阶段对于时间的把握有什么困惑。

活动过程

一、活动导入

假如现在你的生命为 0 ~ 100 岁，接下来我们来玩一个游戏。

请准备一张长纸条，用笔将它划分为 10 份，中间部分刚好每两列一份代表生命中的 10 年，分别写上“10”“20”等，最左边所谓空余部分写上“生”，最右边空余部分写上“死”。

下面我问大家几个问题，请大家按我提的要求去做。

第一个问题：请问你现在几岁？（把相应的部分从前面撕掉）过去的生命再也回不来了！请撕彻底、撕干净！

第二个问题：请问你想活到几岁？（如果不想活到 100 岁的话就从后面把那部分撕掉）

第三个问题：请问你想几岁退休？（请把相应的退休以后的部分从后面撕下来，不用撕碎，放在桌子上）就剩这么长了，这是你可以用来工作的时间。

第四个问题：把高中三年的时间撕下来（另外的时间保留着），对于这三年时间，你的安排是怎样的？

按照学校严格的时间安排，基本遵照学校规定执行。除去放假，每天吃饭、睡觉，真正的学习时间（包括上课）大概只有一半。

第五个问题：高中三年后，你要怎样过自己的生活？

一般人通常要睡 8 小时（有人还不止），占了一天的 1/3，吃饭、休息、聊天、看电视、游玩等又占了 1/3。其实真正可以学习和工作的时间约 8 小时，即剩下的 1/3。所以请将剩下来的折成三等份，并把 2/3 撕下来，放在桌子上。

第六个问题：比比看。

①把高中阶段的学习时间和以后的学习时间加起来，把退休那一段和刚才撕下的 2/3 加在一起，并请思考一下你要用 1/3 的时间学习、工作、赚钱，满足自己另外 2/3 的时间的吃喝玩乐及退休后的生活需求。

②将高中阶段的学习时间和除去高中学习时间外的其他剩余的生命时间相比较。并思考：高中阶段这一点点时间，它的意义有多大？

第七个问题：想一想你要赚多少钱、存多少钱才能在上述的日子里养活自己，这还不包括给父母、子女、配偶的哦！

第八个问题：请问你现在有何感想？

第九个问题：请问你会如何看待你的未来？

时间就是生命，鲁迅先生说：“浪费自己的时间等于慢性自杀，浪费别人的时间等于谋财害命。”你珍惜生命吗？你想在有生之年有所作为吗？生命是由分分秒秒的时间所组成的，时间管理的实质就是生命管理。因此，让我们都成为自己时间的主人吧！

二、活动开始

（一）学生讨论交流（10 分钟）

要成为时间的主人，我们应该怎么做呢？下面请同学们说说自己的意见，我

们应该如何做时间的主人，珍惜时间，更加合理充分地利用时间。（学生自由发言）

（二）学生推荐自己珍惜时间的方法

（1）早睡早起，早上不赖床。中午小睡片刻，提高午后读书效率。

（2）上课认真听课，复习的时候就不用再花太多时间。

（3）今天该做的事情不要留到明天做。

（4）少玩些网络游戏，少聊些天。

（5）候车、塞车的时间，可以用来背诵英文或其他内容。

（6）每样东西都有固定的位置，不必浪费找东西的时间。

（7）可打印的资料就不要抄录。

（8）将一些繁杂琐事积在一起，每个月抽出时间集中处理。

（9）和朋友见面或打电话时，应先决定终止的时间，长话短说。

（10）做杂事时可以一边听广播或音频，搜集多方资讯。

（11）书、报、杂志做选择性阅读。

（12）不断问自己：现在做什么最好。

（三）同学们朗诵自己最喜欢的关于珍惜时间的名言警句

（1）一寸光阴一寸金，寸金难买寸光阴。(《增广贤文》)

（2）不要为已消尽之年华叹息，必须正视匆匆溜走的时光。(布莱希特)

（3）成功 = 艰苦劳动 + 正确的方法 + 少说空话。(爱因斯坦)

（4）放弃时间的人，时间也放弃他。(莎士比亚)

（5）没有方法能使时钟为我敲已过去了的钟点。(拜伦)

三、老师总结

“燕子去了，有再来的时候；杨柳枯了，有再青的时候；桃花谢了，有再开的时候。”因此，聪明的同学们，我们要学会管理好时间。假如我们每天只能用一元钱去维持生活，那么，同学们一定会对这一元钱精打细算，省吃俭用。现在，我们要面对的虽然不是金钱，却是比金钱更可贵的时间，是用掉之后便永远没办法再赚回来的时间。试问，我们有没有对时间的使用精打细算过？时间像金钱一样，必须在使用上列出计划、执行、控制、改善的方法，进一步，在时间的投资方面，把时间放在对未来能力的培养上，并检查这个时间花得是否值得。我希望同学们能制订好自己的计划，对自己的时间实行精打细算，好好珍惜我们相处的时光，好好珍惜我们学习的时光，好好珍惜我们年轻的时光！

教后记

本次班会旨在增强学生时间规划的意识，提升自我管理时间的能力，提高学习效率。学生从初中升入高中，还没有很好地适应，一部分同学处于松懈状态，没有紧迫感，还有一部分同学不会合理安排自己的学习时间。本次班会对学生如何安排、规划学习时间有一定的启发作用，是一次高效的主题班会。

不要让青春在指尖滑落

王为文

活动目的

（1）学生讨论低头用手机会对我们的健康造成什么危害。

（2）学生小组讨论，不再因为手机而浪费时间，明白如何理性使用手机。

活动准备

（1）搜集“低头族”的图片。

（2）下载动画短片《低头人生》。

活动过程

一、活动导入

激趣：今天的班会，我们先一起来玩一个游戏吧！猜猜看，这些人你们认识吗？

课件展示：德国总理默克尔、日本首相安倍晋三、美国前总统奥巴马、美国现任总统特朗普等名人低头看手机的图片。

这类低头看手机的人，被称为“phubbing”，即“低头族”，phubbing = phone（手机）+ snubbing（snub 的进行时态）。对于中国这个多民族的国家来说应该“举国欢庆”，因为我们又多了一个民族，那就是“低头族”！

主持人：今天我们班会的主题就和“低头族”有关——不要让青春在指尖滑落！

主持人：不难发现，如今地铁、公交车里的上班族，几乎个个都作“低头看屏幕”状，有的看手机，有的掏出平板电脑或笔记本电脑上网、玩游戏，每个人都想通过盯住屏幕的方式，把零碎的时间填满。其实，低头并不远，就在你身边。

二、活动开始

（一）低头并不远，就在你身边

（1）说说你身边的“低头族”现象。

同学们乘坐公交车上学、放学时会低头看手机，平时一个人在书房里学习时会看手机，晚上宿舍熄灯后躺在被窝里会偷偷看手机，有时甚至在课堂上也偷偷拿出手机……同学们拿手机都干什么？智能手机的出现给我们的生活带来了便利，使我们的生活发生了天翻地覆的变化。但像这样不知节制地使用手机绝不是个例，长此以往真是既影响健康又影响学习，荒废了大好的青春年华。

有些人甚至凌晨四点还在上网，黑夜带给这些“熬夜族”的，大概是“黑色的眼圈”。

说了这么多身边的“低头族”现象，那你自己会不会也是“低头族”中的一员呢？我们这里有个小测试：你是“低头族”吗？

对照以上症状（略）检视自己，只要符合任意三条，就可以确定你是“低头族”，符合的条数越多，“低头”程度越严重。

好吧，有人全部符合！我真的只能用“我竟无言以对”来回答。那么，手机“低头族”是不是真的就已经无药可救、病入膏肓了呢？别着急，我们先来看看。

（2）统计自己周末和手机亲密接触的时间。

智能手机已经进入我们生活的方方面面，我们每天使用手机的时间也变得越来越多，如果要问你到底会花多少时间玩手机，大部分人可能都无法给出确切的数字，我们就一起来看看调查机构对于手机使用时间的调查结果。

研究显示，全球16~30岁的用户平均每天使用手机的时间为3.2小时。

而中国手机用户的平均使用时间为3.9小时，仅次于泰国的4.2小时，位列全球第二。

这是一个什么概念呢？就是一年365天，我们有49天都在盯着我们的手机，每天24小时，减掉睡觉的8小时和吃饭的2小时，剩下的14个小时里，除了工作时间没有空玩手机以外，剩下的时间里有接近4个小时在使用手机，几乎占所有剩余时间的一半。而且一些报告称，有人甚至每天看自己手机的次数为150次。

（3）学生通过观察统计结果谈谈自己的感受。

（过渡语）好可怕，是不是？其实，在低头的世界里，一直都危机四伏。

（二）低头世界，危机四伏

活动一：探讨低头用手机会对我们的健康造成哪些危害。

（1）小组讨论：不合理使用手机会造成哪些危害？

对眼睛、手指、肩膀、颈椎，甚至精神状态都有危害。

（2）小测试：颈椎病症状小测试。

说到颈椎病，患者成千上万。过去我们认为颈椎病是年纪大了才容易发生的一种疾病。现在颈椎病逐渐年轻化，看来，颈椎病成了“老少皆宜”的疾病。

我们一起来做个小测试。这 4 个小动作（略）如果你不能顺利完成，或在完成的过程中有疼痛感，说明你已经有可能被颈椎病“盯上了”，要及早预防。

（3）播放中央美术学院获奖视频动画短片《低头人生》。

看完这部短片的你，此刻心里是否五味杂陈？身为“低头族”的一员，你对此有何感触？

总结：动画片中的爸爸丢了孩子，医生失手误伤了患者，消防员没有救人反而被人砸伤。

“低头族”会造成无法挽回的安全事故。（尝试让学生来举例子）

手机引发的血案：2015 年 5 月 13 日下午，在广东中山市坦洲镇十四村路口，一名年轻女子边用右手接听手机边过马路，突然，出现在其右边的一辆白色货车迅速将其撞倒在地，随即又遭迎面而来的一辆工程车碾轧。目击者称，车祸现场非常惨烈。2014 年 11 月 3 日，一辆由上海开往浙江的客车因为司机低头玩手机致使车辆失控，造成 6 死 43 伤的特大交通事故。

总结：刚刚动画片中，自拍的美女，对周围的人漠不关心。“低头族”会伤害我们人与人之间的情感。

顾城有一首诗《远和近》：“你/一会看我/一会看云/我觉得/你看我时很远/你看我时很近。”诗歌很短，但表达出了人和人之间以邻为壑的现实状况。只是现在，看的不是云，而是手机。两者相比，现在的“低头玩手机”比诗里的“抬头看云”更令人难以接受，前者给人的距离远远超过了后者，而且前者所导致的后果也远甚于后者。

学生列举生活中“低头族”伤害人与人之间的情感的例子。（鼓励学生用表演的方式呈现）

（过渡语）既然低头的世界是如此危险，我们又能怎么办呢？对了，抬头！进入下一环节——你若抬头，便是晴天！

（三）你若抬头，便是晴天

（1）小组讨论：我们如何让手机回归工具角色？

立法、监督、管理、自觉。

“低头族”已成为世界的问题。在这方面，有些国家、地区已采取立法的方式，规定在公共场合不能过度使用手机。例如，美国新泽西州把走路发短信定性为违法行为。其处罚条例是轻者罚款 50 美元，重者监禁 15 天。因为这样的做法不仅会影响自己，也会危害他人。

软件大法宝，拯救“低头族”于水火！不要担心！这里有2个“丧心病狂”的法宝，或许可以帮你戒掉手机瘾，拒当“低头族”，让手机为你所用。（尝试使用手机连接电脑平台展示）

①想考世界名校的人适合使用“我要当学霸”软件。

首先你需要设定好不碰手机的时间，在这个时间内不能开任何社交软件，一旦破戒，这个软件会自动在微博、朋友圈发送乱七八糟的状态，手机还会自动开始以最大音量播放《那一夜》《套马杆》等广场舞经典歌曲。

②睡前喜欢玩手机的人适合使用“我要早睡”软件。

一到晚上11点，软件就提醒你该睡觉了，如果你继续拖延，手机就会被锁定，完全没办法上网。这个时候，你只好捧着安静的手机乖乖睡觉。

如果觉得好，各位同学可以到各大应用商店下载软件，都是免费的哦！

当然，可能你的低头症已经“病入膏肓”，这些软件对你完全不起作用，那么你就需要外在的强制力。

（2）制定公约：理性健康地使用手机。我们可以订立小组公约、寝室公约、班级公约，相互监督，设立奖惩机制。

请同学们读一读你们制定的公约。很好，相信你们遵照执行的话，一定可以治好“病”！

（3）课后延伸。

请同学们回家观察自己的父母是不是“低头族”。如果是，你会如何劝说你的父母放下手机呢？

三、老师总结

当今时代，我们每天的生活是如此丰富多彩：打开手机，无边资讯萧萧下；登上网络，一入网门深似海；翻开书籍，书中自有黄金屋；参加活动，绝知此事要躬行。

所以，克服低头的最好办法就是合理使用网络、融入书本的怀抱、积极参加文体活动。通过这次班会，我们应该明白，当我们深深地沉浸在虚拟世界时，难免会错过身边最美的风景。因此，不要让青春在指尖滑落！

正如习近平总书记所言：青春，是用来奋斗的！

教后记

通过这次班会，学生明白了放下手机、尽心阅读的重要性，并领略到新的含义；放下手机，留些时间和家人、朋友一起融入大自然，去感受自然界宽广的胸怀，领略大自然雄浑、高远的意境；放下手机，去倾听风的细语，遥望天空中云舒云卷的自在，心情的暇思也跟着云儿游走飘荡；放下手机，才能珍惜宝贵的时间，度过一个充实而精彩的青春年华。

诚信伴我行

和玲霞

活动目的

（1）学生明确“诚信”的含义，理解“诚信”对于学生自身发展和为人处世的重要意义。

（2）学生崇尚“诚信”，远离虚伪、欺诈，把“诚信”作为同学之间、师生之间、家庭成员之间相处的基本原则。

（3）学生对自身或他人的行为及社会现象的“诚信度”具有评判能力，懂得诚实守信必须从自己做起，从现在做起，落实在日常生活中。

活动准备

（1）收集班级、社会上诚信的正反例子并进行讨论。

（2）准备诚信知识竞赛试题。

（3）每位同学搜集关于诚信的名言，制作诚信卡片。

活动过程

一、活动导入

主持人 A：诚信是金。俗话说：“是金子总会发光的！”一个人有了诚信，他的生命就会闪光。

主持人 B：诚信是真。有时候，幸福围绕着我们，可我们常不自知，因为我们需要一双慧眼来把世界看得清清楚楚、真真切切，但最重要的是彼此都需要诚信，来达到彼此相互了解、相互融洽、相互信任的目的。

主持人 A：诚信是美。当代人都追求美，追求外表的华丽，却忘掉了心灵美，其实心灵美才是真正的美。

主持人 B：诚信是德，人们常说艰苦奋斗是中华民族的传统美德，而我却要说诚信也是人与人交往中必不可少的一种美德。

主持人A：生活有了诚信才更加灿烂。

主持人B：人生有了诚信才更加迷人。

合：世界因为有了诚信才更加精彩，一个人心中有了诚信，才更能彰显其素质。

二、活动开始

（一）生活中的诚信

主持人A：生活中怎样践行诚信？践行与否对我们到底有怎样的影响？

主持人B：让我们一起来观看一段视频。（播放关于诚信的视频）

（二）诚信知识抢答

诚信知识竞赛题热身赛：

（1）请在20秒内写出5个关于诚信的四字成语。

一言九鼎、言而有信、取信于民、取信于人、信誓旦旦、言行信果、信守不渝、一诺千金、抱诚守真、诚至金开、赤诚相待、闲邪存诚、修辞立诚、金口玉言、拾金不昧……

（2）请在3分钟内按顺序选出下列名句的主人。

①民无信不立。

②诚者，天之道也；思诚者，人之道也。

③土扶可城墙，积德为厚地。

④失去了诚信，就等同于敌人毁灭了自己。

⑤入于污泥而不染、不受资产阶级糖衣炮弹的侵蚀，是最难能可贵的革命品质。

⑥真话说一半常是弥天大谎。

⑦人不能像走兽那样活着，应该追求知识和美德。

⑧共产主义不仅表现在田地里和汗水横流的工厂，它也表现在家庭里、饭桌旁，在亲戚之间，在相互的关系上。

选择项：莎士比亚、周恩来、孔子、但丁、李白、马雅可夫斯基、富兰克林、孟子。

正确顺序：孔子、孟子、李白、莎士比亚、周恩来、富兰克林、但丁、马雅可夫斯基。

（3）抢答赛。

①诚信表达的内涵是（　　）

A. 忠诚可靠　　B. 大公无私　　C. 守诺、践约、无欺

②从现实情况看，（　　）是当前诚信缺失现象较为严重的直接原因

A. 失信成本偏低　B. 信用制度不健全　C. 法制不健全

③我国诚信日为（　　）

A. 3 月 19 日　B. 6 月 29 日

C. 9 月 19 日　D. 9 月 29 日

④早在我国（　　）时期，“诚信”就已成为我们民族先人的重要道德规范

A. 殷周　B. 春秋　C. 战国　D. 商朝

⑤古人认为，一个人要自立于社会，必须有三种精神，就是（　　）

A.“信、知、勇”　B.“仁、义、智”

C.“德、理、礼”　D.“信、德、礼”

主持人 A：感悟了生活，让我们来亲近知识。真诚的笑容终于迎来灿烂的阳光，前进的征程被温馨的春风铺满，阳光照出周围人的真诚，前途不再风雨交加，你的智慧也由此开启。

主持人 B：诚信知识抢答现在开始。（看课件题目并竞猜）

（三）诚信名言大比拼

主持人 A：要培养诚信的良好道德品质，就要从身边的每件小事做起，我相信同学们都知道很多关于诚信的名言。

主持人 B：那么请同学们比拼下，看哪个组列举的名言最多。

（四）小小卡片留诚信

主持人 A：孔乙己说：“诚信是我站着喝酒时的长衫。”

主持人 B：牛顿说：“诚信是我的三大定律。”

主持人 A：爱因斯坦说：“诚信是我的相对论。”

主持人 B：愚者说：“诚信是伪君子的假惺惺。”

主持人 A：智者说：“诚信是人类闪光的金子。”

主持人 B：哲人说：“诚信是世间万物的源泉。”

主持人 A：我说：“诚信是我心中苦苦追求的生命之树开出的金花。”

主持人 B：在我们今天的班会即将结束时，请大家相互赠送亲手制作的诚信卡片，让我们把诚信带在身边、装在心中，做一个值得他人托付的人。

三、老师总结

人生之舟，不堪重负，有弃有取，有失有得。失去了美貌，有健康做伴；失去了健康，有才学追随；失去了才学，有机敏相跟。但失去了诚信，你所拥有的一切，金钱、荣誉、才学等不过是水中月、镜中花，如过眼云烟，终会随风而逝。拥有诚信，一朵小小的浪花可以飞溅起整个海洋，相信诚信的力量，它可以点石成金、触木为玉。让我们用心承诺：“诚信永远是我心的归宿。”通过这次

班会，让我们将“诚信”原则落实到学习、生活和工作中，使诚信成为我们每一个人的一种品行、一种责任、一种道德和一种素养。

教后记

诚信是一个人的立身之本，对学生一生的成长至关重要。培养良好的品德要从身边小事抓起，不仅从在校学习期间考试不作弊、作业不抄袭等方面做起，而且在社交方面，更应该做到诚实、诚恳、实事求是、重信用、守承诺。通过本次班会，让学生在日常生活学习中自觉守信，踏实做人，提升道德素养。

有你在，温暖在

王忠容

活动目的

（1）将感恩的话题融入班会之中，让学生珍惜亲情、友情、师生情，懂得感恩。

（2）通过这次活动，让学生与父母都能感受到彼此的关怀与温暖，唤醒父母与子女之间血浓于水的爱。

活动准备

（1）收集学生照片：通过家长微信群通知家长选一张孩子成长过程中最有纪念意义的照片，并附带一段最想对孩子说的话发到老师的电子邮箱（暂不告知学生）。

（2）制作视频：将收集的照片及文字制作成视频《有你在，温暖在》（配背景音乐《时间都去哪儿了》）。

活动过程

一、活动导入

主持人（女）：我们沐浴着爱的阳光长大。

主持人（男）：我们滋润着真情的雨露成长。

主持人（女）：鲜花感恩阳光雨露，苍鹰感恩长空，高山感恩大地。

主持人（男）：我们感恩父母、感恩老师、感恩朋友。

合：感恩一路有你在，关怀在，温暖在。“有你在，温暖在”主题班会正式开始。

二、活动开始

（一）情景渲染

配乐诗朗诵《生命列车》（朗诵人：雷创艺、吕姿璇）。

人生一世，就好比一次搭车旅行。要经历无数次上车、下车，时常有事故发生。有时是意外惊喜，有时却是刻骨铭心的悲伤。

降生人世，我们就坐上了生命的列车。我们以为，我们最先见到的两个人——我们的父母，会在人生的旅途中一直陪伴着我们。很遗憾，事实并非如此。他们会在某个车站下车，留下我们，孤独无助。他们的爱、他们的情、他们不可替代的陪伴，再也无从寻找。尽管如此，还会有其他人上车，他们当中的一些人，将对我们有着特殊的意义。他们之中有我们的兄弟姐妹，有我们的亲朋好友。我们还将会体验，千古不朽的爱情故事。

在和我们坐同一班车的人当中，有人轻松旅行，有人却带着深深的悲哀，还有人在列车上四处奔忙，随时准备帮助有需要的人，很多人下车后，其他旅客对他们的回忆历久弥新，但是也有一些人，当他们离开座位时，却没有人察觉。

有时候，对你来说情深义重的旅伴，却坐到了另一节车厢。你只得远离他，继续你的旅程。当然，在旅途中，你也可以摇摇晃晃地穿过自己的车厢，到别的车厢去找他。可惜，你再也无法坐到他身旁。因为这个位置，已经让别人给占了。

没关系，旅途中充满挑战、梦想、希望、离别……就是不能回头。因此，尽量使旅途愉快吧！善待旅途中遇见的所有旅客，找出他们身上的闪光点。永远记住：在某一段旅程中，有人会犹豫彷徨，因为我们自己也会犹豫彷徨；我们要理解他人，因为我们也需要他人的理解。

生命之谜就是我们在什么地方下车，坐在身旁的伴侣在什么地方下车，我们的朋友在什么地方下车。我们无从知晓。

我的孩子上车时，没有什么行李。如果我能在他们的行囊中，留下美好的回忆，我会感到幸福。

我下车后，和我同行的旅客都还能记得我、想念我，我将感到快慰。

献给你，我生命列车上的同行者：祝你旅途愉快！

（二）家长与学生一起观看视频《有你在，温暖在》，回忆成长过程中温暖的故事

学生惊喜地看到了自己儿时的照片，还看到了爸爸、妈妈的祝福语，留下了感动的泪水；父母看到孩子的成长，尤其是当年相亲相爱的父母，现在各自分离，看到照片后，感动得热泪盈眶，有的父母还当场泪流满面地相互拥抱。

（三）爱要大声说出来

邀请家长代表分享对孩子的爱（男、女家长各一位），学生自愿上台分享想对父母说的话。

分别邀请一位爸爸和一位妈妈发言，发言的妈妈是单身母亲，说到激动之处时泣不成声；学生自由上台发言，当刘××同学谈到她要感谢的人是妈妈，要感谢生活，而她爸爸是一个赌鬼、一个对家不负责任的人时，打动了在场的所有同学，甚至许多家长及老师都已经控制不住自己的泪水……后来就有很多同学争着上台敞开自己的心扉，有个男生声泪俱下地说："我爸爸因为生意失败而导致全家生活艰辛，以前我总是抱怨生活的不公平，但刚才听了刘××同学的发言，我发觉我是多么渺小，同时也感到我是多么幸福，感谢爸爸、妈妈给了我温馨的家，也感谢同学给我上了一堂生动的人生课。"

（四）真心话、大冒险

通过击鼓传花的方式，音乐停止，接到花的同学现场抽取一张纸条（事先准备好纸条，纸条上附带一些温暖的话语或者要求，抽取者按纸条上的要求完成任务，如要求跟父亲或母亲深情地拥抱，或者说"爸爸，我永远爱您""妈妈，无论走到哪里，我都是您的眼"等话语）。

看看这些题你能答对多少。

（1）你知道妈妈（或父母）的生日吗？妈妈（或父母）爱吃什么？

（2）妈妈（或父母）最开心的事情是什么？

（3）妈妈（或父母）有没有干过特别出格（或者过分）的事情？

（4）能立刻说出妈妈（或父母）关系最好的三个朋友的名字吗？

（5）妈妈（或父母）最大的心愿是什么？

（6）妈妈（或父母）心里最敬佩的人是谁？为什么？

（7）妈妈（或父母）最近一次哭泣是什么时候？

（8）妈妈（或父母）最近一次生病是什么时候？

（9）妈妈（或父母）最大的梦想是什么？

（10）和妈妈（或父母）在一起生活的时候，留下的最深刻的记忆是什么？

（11）小时候，妈妈（或父母）是什么样子？

（12）小时候，觉得妈妈（或父母）很好吗？

（13）现在妈妈（或父母）最常做的事情是什么？

（14）工作中的妈妈（或父母）是什么样的？

（15）你现在对妈妈（或父母）最想做什么？

（16）面对镜头，你最想对妈妈（或父母）说什么？

（五）学生给父母献花

事先准备好鲜花，要求学生献花时拥抱父母，并说一句此刻最想对爸爸或妈妈说的话。

（六）照全家福

全体学生与父母、老师合影留念，齐声合唱《至少还有你》。

三、老师总结

在我们的人生旅途中，我们都是父母最重要的不可复制的孤本；我们都应懂得感恩，做一个有温度、有情怀的人。大家要珍惜和父母在一起的日子，在家多帮父母干些家务，不抵触父母的唠叨，以后大家会发现，他们的唠叨朴素而富有哲理，父母在，则有温暖在、有感动在、有关怀在。

教后记

最好的教育莫过于感染。人的心灵中最柔软的部分就是亲情。通过这样的主题班会，用真诚打动学生与家长，改善家长与孩子之间的疏离感，调和家庭关系，是行之有效的。影响学生成绩的主要因素不是学校，而是家庭，家庭教育是人成长的根部和根本，它是“培根教育”。只有家庭教育好了，在学校发生的许多问题才能迎刃而解。

附：学生周记“有你在，温暖在”感想。

（1）在这敏感而特殊的成长路上，我们和父母之间隔上了一层“厚障壁”，在这次班会上，我和父亲之间从未有过的拥抱，今天却变得如此轻而易举。爱，永远都具有魔力，深爱你们，我的爸爸妈妈。

（2）上一次跟母亲拥抱的时间，已经记不清楚了，母亲不在身边很久了，而母亲的腰板也由直变弯了；我紧紧抱住母亲，就像她曾经紧紧抱住儿时的我——生怕时间会将一切夺走。

真诚友善，交友之道

周　蓓

活动目的

（1）引导学生反思日常交友的行为，思考交友之道。

（2）识别一些交友的误区和正途，结识益友。

（3）用心真诚地与人相处，交得人生良友、诤友与益友。

活动准备

（1）发放问卷调查，了解学生目前交友的情况并做好统计工作。

（2）指导学生编排有关朋友题材的小品。

活动过程

一、活动导入

主持人 A：在我们的一生中，会遇到很多人，有擦肩而过可能再也不会遇到的人，如陌生人。

主持人 B：有在一段期间与你紧密相关的人，如老师。

主持人 A：有陪伴你一生的人，如你的另一半。

主持人 B：有血浓于水、永远不会伤害你的人，如父母。

主持人 A：还有就是永远在你身旁，在你最需要的时候给你勇气、鼓励、安慰、支持，在你什么都不缺的时候默默在你身旁看着你、为你开心的人，那就是——朋友！

二、活动开始

（一）实话实说大吐槽 1

主持人 B：在我们的记忆里，都有那么几个走心的朋友，令人温暖，那现在让我们聊聊以往生活中的朋友们吧！（学生自由发言）

（二）人生需要哪种朋友

主持人 A：心理学家指出人生需要的 6 种朋友。（课件展示）第一种是随叫随到的朋友。每个人都很忙，偶尔爽约可以理解，但如果约定被一推再推，难免会让我们产生挫折感。因此，我们都需要一个随叫随到的朋友。只要打一个电话，他就能立刻来到你的身边，给你安慰和鼓励。

主持人 B：第二种是出类拔萃的朋友。美国知名主持人奥普拉·温弗瑞曾说过，能帮到自己的朋友值得拥有。

主持人 A：第三种是紧跟潮流的朋友。世界瞬息万变，跟不上潮流的人会被淘汰。有一个始终站在潮流高处的朋友，能帮你开阔视野，改变僵化的形象和呆板的作风。他们呈现的新元素也将丰富你的人生。

主持人 B：第四种是直言不讳的朋友。敢对你说实话的朋友必不可少，或许他们的话语不像其他人的话语那样包裹着甜蜜的外衣，但当你面对危机或犹豫不决时，这种直白往往能为你抽丝剥茧，拨开迷雾。

主持人 A：第五种是无条件接纳你的朋友。有一种朋友，对你无所不知，在他面前，你不必伪装，也不必多想，他对你的了解胜于你自己，他能无条件地接受你、支持你，就像一个没有血缘关系的兄弟。

主持人 B：第六种是独立于交际圈的朋友。当你的交际圈里出现问题时，一个圈外的密友便显得十分珍贵。作为旁观者，他能给你更加清醒的建议，你们之间的私密关系能让你畅所欲言。

（三）从小品欣赏中悟道理

请欣赏小品表演，思考什么是真正的友谊。

情景一：同学 A 上课看课外书，他的好朋友 B 为他做掩护；作业不会做，他的好朋友 B 会给他抄袭。

情景二：同学 A 上课睡觉，他的好朋友 C 把他叫醒，A 生气地说："你干吗叫醒我？"

情景三：同学 D 上课睡觉，他的好朋友 C 把他叫醒，D 紧张地说："你咋不早点叫醒我啊！"C 说："我才发现呢，没事，下课我把抄的笔记给你看。"

请思考：哪种才是真正的友谊？

总结：一个普通的朋友从未看过你哭泣，一个真正的朋友的双肩曾经让你的泪水浸湿；一个普通的朋友讨厌你在他睡了后打来电话，一个真正的朋友会问为什么现在才打来电话；一个普通的朋友找你谈论你的困扰，一个真正的朋友找你解决你的困扰；一个普通的朋友拜访你时，像一个客人一样，一个真正的朋友会打开冰箱自己拿东西；一个普通的朋友期望你永远在他身边陪他，一个真正的朋友期望他能永远陪在你身旁！

（四）实话实说大吐槽 2

主持人 A：你交友的准则是什么？请看老师的择友原则：①顾全大局，能受委屈。②见多识广，终身受益。③志趣相投，互相体恤。④互助互补，共同进步。

你会有与老师相同的选择吗？

（五）敏感话题碰触下

主持人A：同学们，你们认为异性之间有真正的友情吗？应如何把握界限与分寸呢？我认为，在与异性同学交往时，应心地坦诚、自然大方，把握感情的分寸，热情而不轻浮，大方而不庸俗，讲究仪表谈吐，讲究文明礼貌。

主持人B：那么如何做才能结交到真诚的朋友呢？人无完人，我们要有一颗宽容的心去对待真正的朋友。与朋友相处时，伤害往往是无心的，帮助却是真心的。忘记那些无心的伤害，铭记那些对你的帮助，你会发现这世上你有很多真心的朋友。

三、老师总结

人的一生，若没有得到真正的友谊，是贫瘠的一生、荒凉的一生，我们的人生需要真心的朋友。友情常在顺境中结成，在逆境中经受考验，在岁月长河中流淌延伸。让我们学会交往的技巧，把握交友的尺度和掌握交友的原则；让我们敞开心扉，用真诚和宽容去迎接人生中的挚友，愿我们的人生因友谊而精彩绚烂！

教后记

交友之道影响一个学生的人际关系和生活学习状态，学生进入新的班级，老师、同学都比较陌生，很多人摆脱不了对以前老师、同学的依恋；相当一部分学生对新的学习生活不太适应，找不到好朋友，内心很孤独，这将会影响班集体的凝聚力，本次班会引导学生走心交友、真诚待人，交到良友、诤友和益友，取得了一定的效果。

附：交友问卷调查。

一、请你按照重要的程度，排列下列词语

A. 生命　B. 友谊　C. 爱情　D. 亲情　E. 金钱　F. 权势　G. 健康

H. 事业　I. 理想　J. 前途　K. 美貌　L. 原则　M. 信念

第一位：　　　　　第二位：　　　　　第三位：

倒数第一位：　　　倒数第二位：　　　倒数第三位：

二、请你如实回答下列问题

(1) 你认为朋友就是（　　）

A. 能玩到一起的人　　B. 有共同语言的人　　C. 能帮你忙的人

D. 无条件支持你的人　E. 有来往的人　　　　F. 所有认识的人

(2) 你认为什么样的人最容易与你结成朋友（　　）

A. 年龄相仿　B. 理想一致　　C. 爱好相同

D. 性格相同　E. 家境差不多　F. 学习成绩差不多

(3) 你认为什么样的人最值得交往（　　）

A. 年龄大者　B. 有钱者　C. 有同情心者　D. 有一定的社会关系者

E. 社会阅历丰富者　F. 学识渊博者　G. 品德高尚者　H. 讲义气者

(4) 你认为朋友间什么是最重要的（　　）

A. 彼此尊重、关心　B. 彼此迁就、妥协　C. 彼此能帮忙

D. 彼此能倾诉心事　E. 彼此能一致行动　F. 彼此做伴

(5) 当朋友间出现争吵或矛盾时，你认为谁应该先主动和好（　　）

A. 自己　B. 对方

C. 第三者帮忙　D. 家长或老师帮助化解

(6) 当朋友出现麻烦时，你会（　　）

A. 尽力帮忙　B. 量力而行

C. 事不关己，高高挂起　D. 为朋友两肋插刀

(7) 当朋友问你借钱时，你会（　　）

A. 马上借　B. 问清原由才借

C. 不借　D. 向别人转借

(8) 当朋友向你诉说苦恼时，你会（　　）

A. 耐心倾听　B. 热心开解　C. 不耐烦

D. 自己诉说自己的烦恼　E. 不吭声

(9) 你认为结交朋友，要（　　）

A. 主动出击　B. 守株待兔　C. 缘分　D. 别人牵线搭桥

(10) 你认为可以结交为朋友的人的数量是（　　）

A. 很多　B. 很少　C. 几个　D. 没有

(11) 你认为朋友间要（　　）

A. 经常联系　B. 有时来往

C. 喜欢时就来往　D. 不会随时间的推移而变淡

(12) 你认为增进友谊的方法有（　　）

A. 赠送礼品　B. 经常在一起玩

C. 交换心事　D. 能善意地批评自己的不足

E. 包庇自己的过错，任何时候都认为你是对的

(13) 当你自己心中有烦恼时，你首先想到的是（　　）

A. 父母　B. 亲戚　C. 朋友

D. 老师　E. 同学

(14) 你认为男女同学之间有真正的友谊吗（　　）

A. 有　B. 没有　C. 很难有　D. 应该有但很难有

规划人生，演绎精彩

李宇亮

活动目的

（1）引导学生合理规划自己的高中生活，唤起学生进行人生规划的意识。

（2）结合新的高考模式，帮助学生更好地找准自己的位置，树立适合自己的学习目标。

活动准备

（1）设计问卷调查表，调查学生对自己的未来是否有规划、如何规划等。

（2）邀请一位担任高级工程师的家长给学生讲述自己的人生经历。

活动过程

一、活动导入

播放背景音乐《最初的梦想》，与学生互动，引导学生回顾高中学习生活的时光。

（1）你想拥有怎样的人生？（小视频呈现各种职业）

（2）回忆高中的半年时光，你是否有所积累，是否顾此失彼、盲目度日？（学生自由讨论发言）

主持人：人生需要目标。

1952 年 7 月 4 日清晨，加利福尼亚海岸笼罩在浓雾中。在海岸以西 21 英里的卡塔林纳岛上，34 岁的费罗伦丝·查德威克涉水进入太平洋中，开始向加州海岸游去。要是成功了，她就是第一位游过这个海峡的女性。在此之前，她是从英法两边海岸游过英吉利海峡的第一位女性。那天早晨，雾很大，她连护送她的船都几乎看不到。时间一个小时一个小时过去，千千万万人在电视前关注着她。有几次，鲨鱼靠近了她，被人开枪吓跑了，她仍然在游。对于她来说，在以往这类渡海游泳中最大的问题不是疲劳，而是刺骨的海水。15 个小时之后，她被冰冷的海水冻得浑身发麻。她的母亲和教练在另一条船上，他们告诉她海岸很近了，叫她不要放弃。但她朝加州海岸望去，除了浓雾什么也看不到。她知道自己不能再游了，就叫人拉她上船。上船后，她渐渐觉得暖和了，这时她却开始感受到失败所带来的打击。她不假思索地对记者说："说实在的，我不是为自己找借口。如果当时我看见陆地，也许我能坚持下来。"人们拉她上船的地点，离加州海岸只有半英里！后来她说，真正令她半途而废的不是疲劳，也不是寒冷，而是在浓雾中看不到目标。查德威克一生中就只有这一次没有坚持到底。2 个月之后，她成功地游过了同一个海峡。她不但是第一位游过卡塔林纳海峡的女性，而且比男子的纪录还快了大约 2 个小时。查德威克虽然是个游泳好手，但也需要看见目标，才能鼓足干劲，完成她有能力完成的任务。因此，当你规划自己的成功时，千万别低估了制定可测目标的重要性。

许多人埋头苦干，却不知所为何来，到头来发现成功的阶梯搭错了方向，为时已晚。因此，我们必须掌握真正的目标，并拟定可行性目标，澄明思想，凝聚继续向前的力量。合理规划人生，才能让人生更加精彩。

二、活动开始

主持人：生物学家曾经将跳蚤随意向地上一抛，它能从地面跳起一米多高。但是如果在一米高的地方放个盖子，这时跳蚤会跳起来，撞到盖子，而且是一再撞到盖子。过一段时间后，拿掉盖子就会发现，虽然跳蚤继续在跳，但已经不能跳到一米以上了，直至生命结束都是如此。为什么呢？原因很简单，它们已经调节了自己跳的高度，而且适应了这种情况，不再改变。不仅跳蚤如此，人也一样，有什么样的目标就有什么样的人生。我们周围有许多人都明白自己在人生中应该做些什么，可就是迟迟行动不起来，根本原因是他们欠缺一些能吸引他们的未来目标。有什么样的目标，就有什么样的人生！

（一）邀请家长讲述自己的求学经历、工作经历等，让学生对自己的人生规划有一些感性认识

主持人：西方有句谚语："如果你不知道你要到哪儿去，那通常你哪儿也去不了。"我们的生活是忙碌的，忙碌中又往往充满了迷茫。向左走？向右走？有时候，我们确实需要停下来，做好了准备再出发，这样也许会达到事半功倍的效果。人生之旅由选定方向开始，你是否为将来做好了选择呢？这就需要我们制订规划，我们需要方向。

（二）学生填写问卷调查表

（1）认知自我：兴趣、理想、价值观。

（2）探索外界：专业、大学、职业。

（3）积极行动。

小游戏：基于霍兰德测评，帮助学生找到自己的兴趣方向，从而建立更加明

确的规划。霍兰德的职业理论，其核心假设是人可以分为六大类：

现实型（Realistic）：木匠、农民、操作X光的技师、工程师、飞机机械师、鱼类和野生动物专家、自动化技师、机械工（车工、钳工等）、电工、无线电报务员、火车司机、长途公共汽车司机、机械制图员、修理机器、电器师。

研究型（Investigative）：气象学者、生物学者、天文学家、药剂师、动物学者、化学家、科学报刊编辑、地质学者、植物学者、物理学者、数学家、实验员、科研人员、科技作者。

艺术型（Artistic）：艺术方面有演员、导演、艺术设计师、雕刻家、建筑师、摄影家、广告制作人，音乐方面有歌唱家、作曲家、乐队指挥，文学方面有小说家、诗人、剧作家。

社会型（Social）：教育工作者（教师、教育行政人员）、社会工作者（咨询人员、公关人员）。

企业型（Enterprising）：项目经理、销售人员、营销管理人员、政府官员、企业领导、法官、律师。

传统型（Conventional）：秘书、办公室人员、记事员、会计、行政助理、图书馆管理员、出纳员、打字员、投资分析员。

请大家结合自己的兴趣，查看你的职业代码解释，选出1~3个你喜欢的职业，并与同学们分享。（同学们可以基于以上游戏的结果，与其他同学分享及反思）

· 我喜欢的职业是：

· 目前我的优势是：

· 目前我的不足是：

主持人：其实，每个人心中都有一座山峰，雕刻着理想、信念、追求、抱负；每个人心中都有一片森林，承载着收获、芬芳、失意、磨砺。一个人若要获得成功，必须拿出勇气，付出努力，不断拼搏奋斗。

（三）如何规划自己的高中生涯

成功是留给有准备的人的！学生根据自己的目标，以及目前的优势和劣势制订学习计划，制定短期和长期的奋斗目标。

（1）时间：动手要早。作为高中生，每一步都要早思考、早设计、早行动，将来才有可能在某个领域出类拔萃。相信大部分高中生并不愿意与上百万名同学一同挤高考独木桥，面对高考的现状，更应该抓紧时间实施行动。每个人对自己的方向定位不同，都需要花费大量的时间去完成，时间为第一要素。如果你是一名高一学生，你的时间很充足；如果你是一名高二学生，就需要抓紧时间；如果你是一名高三学生，时间已经接近尾声，要利用有效的方法进行复习。所以，不论是哪个阶段的学生，都要抓紧时间，开始行动。

（2）方向：定位要准。高中阶段，前承人生知识积累和品性的养成，下启学问与就业的层次和水平，更应予以高度重视。

（3）态度：持之以恒。你是否听说过“态度决定一切”？在求学过程中，不是所有人都有特殊天分，勤奋刻苦是每一位同学必备的品质，会经过由量变到质变的过程。

三、老师总结

同学们，你无法为出生负责，但你一定要为自己的人生负责。生命是属于你的，你应该根据自己的愿望去生活。人生的重大决定是由心规划的，像预先计算好的框架，等待着你的星座运行。如果期待改变我们的命运，首先要改变心的轨迹。许多时候，目标与现实之间往往具有一定的距离。我们必须学会随时去调整，无论如何，人不应该为不切实际的誓言和愿望而活着。合理规划自己的人生，让我们一同来演绎精彩的人生。

教后记

本次班会让学生粗略地了解了人生规划的重要性，这只是一节人生规划基本知识的普及课，至于学生如何规划自己的高中生涯，我们准备在高一开展一系列班会，比如个人的兴趣爱好、大学以及相关专业、相关职业的工作环境等都需要通过主题班会让学生了解；也可以创造条件，利用节假日把学生带到一些相关单位去实习、参观。学生了解得越多，就会越明确自己未来的规划目标，学习方向性更强。

雷锋精神永放光芒

谢衡辉

活动目的

（1）通过看视频、看照片等互动环节，以及诗歌朗诵、写倡议书等系列活动，让学生更进一步了解雷锋的事迹，明白雷锋精神的内涵和时代意义。

（2）学习雷锋并不是喊口号，而是用实际行动去践行雷锋精神。

活动准备

（1）准备视频《介绍雷锋精神》和《雷锋》。

（2）制作课件。

（3）准备诗歌朗诵《你，浪花里的一滴水》。

（4）下载背景音乐《以正义之名》。

（5）准备倡议书《如何探索雷锋精神》。

（6）制作“雷锋行为”的照片：劝架、扶共享单车、帮助老人、擦地板、主动把地上的垃圾捡起、制止小偷。

活动过程

一、活动导入

主持人：大家好！我是高一8班的许×。今天由我带领大家一起来探索雷锋精神。

二、活动开始

（一）播放视频《介绍雷锋精神》

主持人：刚才看了短片，相信大家对雷锋精神有了初步的了解，下面有请刘××同学带领大家更深入地了解雷锋精神。

（二）互动环节

刘××：下面我带领大家看一组照片，请同学们说说对照片上的行为的看法。

学生1：当我们看到有同学在争吵时，我们不应该漠然走过，而应该及时上前制止。

学生2：现在社会中，很多人看到有老人晕倒，都视而不见。作为中学生，我们应该勇于伸出自己的双手，主动去帮助有需要的老人。

学生3：在我们的生活中，如果看到小偷在偷东西，我们不应该退缩、怕惹事，而应该勇于提醒被偷东西的人。

学生4：在我们的生活中，随处可见很多共享单车，共享单车给我们提供了很多便利，但是很多人使用完之后不注意爱惜，乱停乱放。如果看到共享单车没有放好，我们应该主动将其放好，为社会公德尽自己的一点力量。

学生5：在校园中，有的同学有乱扔垃圾的不良习惯，当我们看到脚下有垃圾时，我们应该主动弯腰将其捡起并丢到垃圾桶，为净化校园、创造美丽的校园环境贡献一点力量。

主持人：看完了刚才的图片，大家与刘××互动得很好，勇于说出自己的看法，毛主席说过向雷锋同志学习，学习雷锋并不是喊口号，而是用实际行动去践行雷锋精神。我们作为新时代的高中生，以后看到这种现象，要勇于贡献自己的一份力量。勿以善小而不为，勿以恶小而为之，为文明珠海做自己力所能及的事。刚才我们探索了雷锋精神，那么大家对雷锋的生平了解多少呢？下面播放一个短片让大家来了解一下。

（三）播放视频《雷锋》

主持人：刚才我们看了视频，那么我给大家总结一下什么是雷锋精神。雷锋精神是中华人民共和国成立以来无时无刻不熏陶鼓舞中国人祖祖辈辈的做人准则，深入贯彻了以爱国主义为核心的团结统一、爱好和平、勤劳勇敢、自强不息的伟大民族精神，中国梦的实现，需要雷锋精神。

主持人：我们知道了雷锋精神，那我们平时如何去做呢？我们要把握雷锋精神的五个方面和雷锋精神的时代内涵：

（1）要学习弘扬雷锋热爱党、热爱祖国、热爱社会主义的崇高理想和坚定信念。

（2）要学习弘扬雷锋服务人民、助人为乐的奉献精神。

（3）要学习弘扬雷锋干一行爱一行、专一行精一行的敬业精神。

（4）要学习弘扬雷锋锐意进取、自强不息的创新精神。

（5）要学习弘扬雷锋艰苦奋斗、勤俭节约的创业精神。

时代内涵：学习向上、工作向上、生活向上，在理想信念上向善、在价值取向上向善、在人际关系上向善。

主持人：下面有请李××同学带来诗歌朗诵《你，浪花里的一滴水》。

（四）诗歌朗诵《你，浪花里的一滴水》

在这里，我要唱一个人。他不是将军，却立了无数功勋；他不是文豪，却写下不朽诗文；他如此平凡，如此年青，像一滴小小的春雨，却渗透亿万人的心！为什么呵为什么，六亿人民的心里，都念着这个二十二岁士兵的姓名？他啊，是一滴水，却能够反映整个太阳的光辉！他啊，是刚展翅的鸟，却能够一心向着党飞！他啊，是才点亮的灯，只不过每一分光都没浪费！他啊，是刚敲响的鼓，却能把每一声都化成雷！啊，雷锋！你不为自己编歌曲；你不为自己织罗衣；你不为自己梳羽毛；你不为个人流一滴泪。啊，雷锋！你，《国际歌》里的一个音符；你，红旗上的一根纤维；你，花丛中的红花一瓣；你，浪花里最清的一滴。青春！永生！壮丽！看列兵雷锋呵，一步一个回声，一步一支歌曲，直响透未来的无穷世纪！

主持人：非常感谢李××同学深情的朗诵，让我们再次用热烈的掌声表示感谢！下面由我向大家发出倡议：如何探索雷锋精神。

（五）倡议书：如何探索雷锋精神

从我们小学开始，每年三月都会开展学雷锋活动，但我从不认为，雷锋精神是手抄报，是口号，是象征性的活动。我想，毛主席是让我们学习雷锋同志的精神，通过精神感染灵魂，再发自灵魂地做出相似的行为，去用最深处的善良与真实给予社会正能量，让我们的社会变得更加美好、更加友善。友善是社会主义核心价值观的十二分之一，是建设社会主义必不可少的一部分。

正如电影《飞驰人生》中，引用游戏《守望先锋》里一个英雄的台词“heroes never die”——英雄不朽。是的，英雄是不朽的，不朽的不是他的躯体、他的肌肉、他的血管，而是他的精神和信仰。

雷锋在我看来也是一位英雄，他也许没有像圣女贞德一样领导人民战斗，没有像曼德拉一样领导人民为自由而战，但对于受过他帮助的人们来说，他何尝不是一位英雄呢？雷锋是一个平凡的人，也是伟大的共产主义战士，他的无私和忘我精神激励着身边的每一个人，他的精神是不会逝去的，只会激励一代又一代人。

同样，学习雷锋是不能停留在表面的。真正学雷锋、做好事，是发自内心的、纯粹的。帮助他人，不是为了好名声，不是为了有朝一日你在危难时有人能帮助你，当你见到一个焦灼于苦难的人，因你的帮助而燃起奋斗之火时，那种喜悦是无与伦比的。爱是造物主赋予人最大的礼物，而帮助他人则是爱的传递。即便在没有回报时，我们也应当伸出援手，帮助别人。为了更好的明天，愿你我都能感受到这一份来自天堂的赠礼，让温情和爱停留在我们的身边。

（倡议结束）主持人：欢乐的时光总是那么短暂，感谢同学们的聆听，就像我在倡议书里倡议的那样，做一个文明的中学生。把雷锋精神付诸行动，最后请我们的班主任老师做总结发言。掌声欢迎！

三、老师总结

亲爱的同学们，今天许×同学带领大家一起探索了什么是雷锋精神，把握雷锋精神的五个方面和时代内涵，各位同学针对照片畅所欲言，充分发表了自己的见解。我希望在今后的生活中，不要把雷锋精神停留在表面，而应该积极行动，力所能及地给身边的同学提供帮助，学会做人，学会做事，做一名优秀的高中生。只要人人都献出一点爱，我们的世界将会更加美好！

教后记

现在的中学生多数是独生子女，习惯以个人为中心，3 月是雷锋活动月，虽然雷锋已经远去，但是雷锋精神依然对我们的新时代有特别的意义。希望通过本次班会能引导学生相互帮助，不仅在学习上，而且在生活上，使他们共同进步。

我也有一个小宇宙

林东星

活动目的

（1）通过班会，让学生找自己的优点，找到自信的自己。

（2）学生展示良好的行为规范，运用到生活中，做最好的自己。

活动准备

（1）学生准备小品《考试结束后……》。

（2）准备纯音乐《雨声》。

活动过程

一、活动导入

主持人：每个人，都是一个小宇宙。里面有自己的阳光、河流，有枝繁叶茂的参天大树，有长夜满天的星光。是那么寂静，仿佛永恒地存在着。

二、活动开始

（一）活动热身：学生表演小品《考试结束后……》

旁白：这是一个考完试后的下午，大家激烈地讨论着……

（一群同学讨论成绩，喧哗声一片）

旁白：接下来是第一幕的开始。

一名女生扮演者 A，哼着歌入场：“今天天气好晴朗，处处好风光……”遇到另外一名女生扮演者 B。

A：周 × ×，你考得怎样呀？（面带笑容调侃）

B：吾不言。（用手遮脸，痛苦）

A：那我也不言咯……（用手推 B 肩膀）说真的，你考得咋样？

B：我考得好差，我都想回家种田了，那么差，对面都上不了。（对面是职

业学院。略带口音，垂头丧气）

A 搂住 B 的肩膀：来，大声地告诉我，你的估分。

B：Really?

A：Yes，don't be shy，just say it!

B：估来估去，连及格分都没有。

A：喔，我觉得这张卷，考个一百五……（B 目瞪口呆）都是 impossible 的啦。（B 无语）

A：我又不是你，随随便便都能够考好。

B：跟着你凤姐混，以后考一百五都不难！

A 与 B 下场。

旁白：这是第一种人，过分地低估或者高估自己的成绩，对自己无法进行正确的评估。接下来是第二幕的开始。

第二幕表演，人物有成绩不错但对同学不坦诚者和不自知者，细节省略。

旁白：接下来是记者报道。

报道内容为记者采访沉迷手机游戏不能自拔者，细节省略。

旁白：第二天，成绩公布了。

旁白者充当老师，公布成绩。同学们知道成绩后，不同的人有不同的反应。

第二次记者采访，采访沉迷手机游戏者，后者于迷茫中逐渐醒悟过来。

旁白：还有最后一种人，既不会过分低估自己，也不会过分高估自己，他只是一心想做最好的自己。最好的自己指的是一步一步向前走的自己。

代表最后一种人的学生：我们可以渺小，如墙角蔷薇；我们也可以高大，如巍峨昆仑；我们可以微如沙粒，低到尘土；我们也可以壮如雄鹰，高到长天。这就是我，做最好的自己，昂首挺胸地走在越挫越勇的人生大道上，也请你们携一腔热血和满心自尊，在铺满鲜花或长满荆棘的人生路上，做最好的自己。

（二）展示班级学生事迹，找学生的优点

主持人：同学们，青春如歌，我们一路走来，经历生活的风风雨雨，无论何时都要对自己有正确的认识，不要迷失自己，带着最初的梦想，去努力，相信我们永远都是人生的冠军，都是最好的自己。每个人都是独一无二的……

课件展示学生的优秀事迹，展现最好、最可爱、最恬静、最拼搏、最团结的中学生形象。

（三）"做最好的自己，足矣"

主持人讲解新加坡发展旅游的例子。

1972 年，新加坡旅游局给总理李光耀打了一份报告："新加坡不像中国有万里长城、秦始皇兵马俑，不像埃及有金字塔，不像日本有富士山，除了一年四季直射的阳光，什么名胜古迹也没有，要想发展旅游事业，实在是巧妇难为无米之炊。”李光耀看后大笔一挥，只在报告上批了一行字：“你想让上帝给我们多少东西？阳光，我们有阳光就足够了。”旅游局看了报告上总理的批文，细细思考，终于恍然大悟，总理的意思再明白不过，是让我们利用自己的优势——阳光——大做文章。后来，新加坡利用一年四季直射的阳光种植花草，在很短的时间里发展为世界上著名的“花园国家”，旅游收入连续多年列亚洲第三位。是的，上帝给我们每个人的东西都是一样多的，上帝给了你阳光，你就要让它照亮远方，上帝给了你雨水，你就要让它把彩虹铺上。只有我们每个人都做最好的自己，这个世界才会更美好。是颗小小的石头，就不要去羡慕大山的巍峨，一颗小小的雨花石，也能铺成星光大道；是棵柔弱的小草，就不要去羡慕绿叶繁多的大树，小小的青草，也能见证大地的春天……

（四）如何让自己越来越好

主持人：凡事预则立，不预则废，那么我们该怎样做才能成为最好的自己呢？（学生自由发言）

（五）班主任以自身经验讲述如何做最好的自己

每个人都有梦想，每个人都渴望成功，于是我们开始羡慕别人，羡慕那些所谓的成功人士，我们拼命努力，去竞争，但是我们好像从未好好想过，我们的一生该怎样度过，才能令我们自豪。

曾经看过这样一段话：评价是别人的，本事才是自己的，追逐自己的梦想，不必在意别人的目光，找准自己的位置，走出自己的道路，你不是人民币，没必要做到让人人都喜欢你。踏上自己的旅途，欣赏自己的风景。过随遇而安的生活，让遗憾随风散去，让美好留在心底。给心灵一米阳光，有没有人爱没关系，我们都要努力做一个可爱的人；有没有人疼没关系，我们都要做一个坚强的人。在阳光下微笑，在风雨中奔跑。做自己的梦，走自己的路。

成才之路千千万，成功的标准也千变万化，只要我们能在舞台上扮演好自己的角色，不管是令人瞩目的还是普通平凡的，都是成功者。记得《做最好的自己》中有一句话：每天都不是最好，甚至每天都有遗憾，但每天都这样和自己比，坚持不懈，便会不断地向自己最好的境界靠拢。

做最好的自己，不论自己高大或者渺小，只有发挥了自己的兴趣和特长，不断地超越自己，为社会做贡献，让自己的人生充实、快乐、有意义，那就成功了。

我们身处这个世界，这个世界就好似一片茂密的大森林，有高大的乔木，也有茂盛的灌木；有参天的藤萝，也有鲜艳的花朵。但是在阳光下，它们都能展现出勃勃生机。我们也一样，每个人都有自己的精彩。不虚此生，便是成功。

做最好的自己，不用和别人比，努力做到最好，就是最好的自己，累了就休息，快乐就开心地笑，伤心就大声地哭，哭过笑过之后，依然努力，让自己做到最好。此生有能力爱自己，有余力爱他人，当是最好的自己。

三、老师总结

金无足赤，人无完人。我们每个人都在前进的道路上奋斗着，我们不求比别人优秀，但求比过去的自己更好。前进的道路固然崎岖，但是我们只要不断超越自我，最终就会变成那个最好的自己。感谢各位嘉宾的观摩，感谢班干部精心筹划本次班会。本次班会到此结束，谢谢！

教后记

本次主题班会展示了学生的现实生活，揭示了学生成长过程中的不足，指明了做最好自己的前进方向。学生准备充分，组织能力强，现场气氛融洽，有掌声、欢乐声，学生的体验感强，能从正常的校园生活中提炼出做最好自己的方向，并让学生直接观察和反思自己，达到了主题班会预设的目的。

文明交通你我他

何雪青

活动目的

（1）通过班会活动，让同学们重视交通安全，自觉遵守交通规则。

（2）通过班会活动，教育学生文明出行、安全出行、礼让出行，提高交通安全意识。

活动准备

（1）下载交通安全视频。

（2）准备交通安全竞赛知识。

活动过程

一、活动导入

情景渲染，观看交通安全视频。

二、活动开始

（一）主持人致开场词，引出班会主题

交通安全是我们在日常生活中不可忽视的环节，每年都有许多人死于交通事故。人的生命只有一次，交通安全问题关系到我们每个人的切身利益，生命是最宝贵的，我们要懂得关爱生命，学会保护自己。

（二）用事实说话：课件展示交通安全的统计数据

主持人：21 世纪以来，中国已经连续 3 年每年交通事故死亡人数突破 10 万大关，10 万余个鲜活的生命丧失于滚滚车轮之下，一年 10 万人是什么概念？相当于一年不见一个小城镇；一个月被吃掉一个万人军团；每天从空中掉下来一架载有 300 人的大型客机。如果以每位死者有 10 位亲属计，死者牵连到的亲属约 100 万人。10 万余个鲜活的生命丧失于滚滚车轮之下，被车轮碾下的有多少个撕心裂肺的人间惨剧。一年经济损失 33 亿多元，能够养活约 100 万名下岗职工；能够使 200 万个穷困地区的失学儿童重新走进学堂，改变他们的人生轨迹。

（三）不良的交通行为

①在马路上追逐打闹。②跨越隔离墩。③过马路闯红灯。④过马路不走过街天桥和人行横道。

（四）了解基本的交通规则，认识常见的交通标志

主持人：同学们，你们对交通规则都有哪些了解呢？

待学生回答完毕，播放课件，让学生了解基本的交通规则。接着播放课件，让学生举手回答，认识一些常见的交通标志。

（五）交通知识小竞赛

主持人：车祸猛于虎，我们要增强交通安全意识，要了解交通安全知识，严格遵守交通规则。下面请同学们快速抢答交通安全知识。

判断题（每题 1 分，共 30 分，得分最多的小组获胜）

（1）红灯表示禁止通行，绿灯表示准许通行，黄灯表示警示。（√）

（2）道路划分为机动车道、非机动车道和人行道的，机动车、非机动车、行人实行分道通行。（√）

（3）没有划分机动车道、非机动车道和人行道的，机动车在道路中间通行，非机动车、行人在道路两侧通行。（√）

（4）遇有交通警察现场指挥时，应当按照交通警察的指挥通行。(√)

（5）电动自行车应当在机动车道内行驶。(×)

（6）行人应当在人行道内行走，没有人行道的靠路边行走。(√)

（7）行人通过路口或者横过道路应当走人行横道或者过街设施。(√)

（8）非机动车、行人不需要遵守交通信号灯的指示。(×)

（9）行人通过没有人行横道的路口可以随便横过道路。(×)

（10）行人横过道路时，遇有道路隔离设施可以跨越通过。(×)

（11）在道路上可以依坐在隔离设施上休息。(×)

（12）在乘坐公共汽车时不得向车外抛洒物品。(√)

（13）可以在道路上进行锻炼。(×)

（14）横过道路时应当加速通过或忽前忽后避让车辆。(×)

（15）骑自行车遇有黄灯亮时，已经越过停止线的可以继续通行。(√)

（16）乘坐两轮摩托车应当正向骑坐。(√)

（17）方向指示信号灯的箭头方向向左、向上、向右分别表示左转、直行、右转。(√)

（18）闪光信号灯为持续闪烁的黄灯，指示车辆、行人通过时注意观望，确认安全后通过。(√)

（19）出行时可以坐在货车车厢内。(×)

（20）轻便摩托车不得载人。(√)

（21）驾驶自行车、电动自行车、三轮车横过机动车道的，应当下车推行。(√)

（22）驾驶电动自行车必须年满16周岁。(√)

（23）驾驶自行车转弯时应当伸手示意。(√)

（24）驾驶自行车转弯时应当加速行驶，尽快通过转弯路口。(×)

（25）驾驶自行车超越前车时不得妨碍被超越的车辆行驶。(√)

（26）驾驶自行车转弯时应当在伸手示意后突然猛拐。(×)

（27）如果驾驶自行车的水平很高，可以双手离把行驶。(×)

（28）驾驶自行车时可以攀扶其他车辆以节省体力。(×)

（29）同伴的自行车坏了，可以自己骑车牵引。(×)

（30）驾驶自行车只要制动好，其他机件坏了照样可以上路行驶。(×)

（六）珠海的交通文明

珠海市多年来不断推进交通文明建设，让市民在遵守交通规则、文明驾驶等方面取得了长足进步。珠海早年推出的位于金凤路的抓拍开车打手机、抽烟等不文明行为的“电子警察”，一开始一个月可以抓拍上千宗违法行为，到2018年，日均抓拍量只有2宗左右。2018年在人民东路工商局路段斑马线新投入的抓拍“车不让人”的“电子警察”，日均抓拍量不到2宗。另一个更值得作为佐证的是，几百米开外的人民东路胡湾路段斑马线并没有“电子警察”抓拍，2018年4月26日一位老人经过时，高峰车辆排成长队让行，交警部门曾回放前10天的监控画面，发现这样的情形每天都有。我们可以发现珠海的交通文明在日益进步。遵守交通规则，文明靠你我他！

（七）拟写珠海“文明交通，绿色出行”倡议书

广大市民朋友：

我们是城市的主人，是城市文明的创造者，也是城市文明的受益者。让城市更文明、让生活更美好，是我们共同的向往和追求。虽然我市已经被评为全国文明城市，然而环顾自己身边的城市交通，不难发现乱闯红灯、翻越护栏、争抢车道等一些与城市美好形象、与和谐社会标准不和谐的镜头。我们和您一样迫切希望改变这种状况，营造更文明的交通环境。为提升文明城市创建水平，形成遵章守法、相互礼让的和谐社会风尚，努力营造安全畅通、文明有序的交通环境，在此，我们特向您发出如下倡议：

（1）做“文明交通”的表率者。我们要做好表率，处处以身作则，做文明行路、文明驾车、文明乘车的好榜样，严格遵守交通规则，坚决抵制交通陋习，积极带动和影响身边人共同推进我市文明交通秩序建设。

（2）做“文明交通”的经营者。企业商铺经营者应积极配合文明交通创建工作，坚决不占用人行道和公用停车泊位，按规定停放车辆，落实“门前三包”，不占道经营、爱护环境卫生，共建良好市容环境。

（3）做“文明交通”的参与者。广大市民朋友应从我做起，自觉遵守交通安全法规，开文明车，走文明路。司机在驾车过程中，应自觉礼让行人、按序通行、有序停放、文明使用车灯，自觉摒弃随意变道、占用应急车道、不系安全带等陋习，坚决抵制闯红灯、酒后开车、疲劳驾驶等危险驾驶行为。行人要走人行通道，不乱穿马路、不跨越护栏、不乱闯红灯，遵章守法、文明出行。

（4）做“文明交通”的倡导者。积极参与和配合文明交通的监督、疏导活动，宣传文明交通礼仪，纠正不文明交通行为，随时提醒家人、亲戚、朋友和邻居，树立文明交通意识，关爱自己和他人的生命，做文明交通的倡导者、实践者和守护者。

珠海是我家，创文靠大家。无论您来自何地、从事何种职业，您的言行举止都是珠海形象的一面镜子，折射出珠海的城市品位。每一位居民都是城市的主人，珠海的每一份荣誉都是大家的骄傲！有了您的参与，珠海将会更加美丽、更加和谐、更加文明、更加幸福！

三、老师总结

通过今天的班会学习，同学们了解了文明出行、安全出行、礼让出行的重要性，安全大于一切，希望大家都能自觉遵守交通规则，把交通安全牢记心中！愿同学们乘上安全之舟，扬起生命之帆，在知识的海洋里乘风破浪。生命只有一次，幸福快乐掌握在你的脚下，做一个文明的出行人。

教后记

随着经济的日益发展，我们的生活越来越好，马路上车辆川流不息的景象随处可见。然而有些人交通安全意识淡薄，导致马路上上演了一幕幕不可挽回的悲剧。道路交通安全事故依然是各种事故领域的头号杀手，通过这次主题班会，希望同学们养成自觉遵守交通规则的好习惯，做个文明的珠海市民。

高二篇

仁爱·尊重

美哉仁爱，善哉尊重

有人说儒家思想为解决21世纪世界性的问题提供了不可多得的智慧，这诚然是不错的；但我更想说的是，儒家思想同样给我们解决日常学习和生活中的问题提供了闪光的智慧，所有人都需要这种智慧。而正在成长中的中学生，尤其是处于心智逐渐成熟和定型阶段的高中生更需要这种智慧。

仁爱和尊重是儒家思想两个重要组成因素。一切世间矛盾如果能尝试遵循这两个因素去解决，一定无往而不利。倘若世间矛盾都解决了，这世界则美哉善哉。高中阶段的学生年轻气盛、棱角正方，对人生、世界的认识还模糊未清，所以这个阶段是他们人际交往问题的高发期，也是心理问题的多发期。为了避免高中生在成长阶段中对自我认知有所偏差、不断出现矛盾纠纷，需要班主任通过各种形式去对他们展开以“仁爱”和“尊重”为主题的教育与濡染。

荀子说“仁者必敬人”，仁爱与尊重具有内在的相通性，懂得仁爱，就会懂得尊重；懂得尊重，也就形成了事实上的仁爱。仁爱和尊重都可以有不同的对象与范围，对学生的教育，一定要力图避免概念化和空泛化；具体而接地气，效果往往会更好。爱，可以是爱亲人、爱朋友、爱同学、爱社会、爱国家、爱自然，还可以是爱自己；尊重也一样，它的指向可以是非常多样的。广泛的对象、一致的内核，也是我们把二者放在一起的原因之一。

孔子所说的“己所不欲，勿施于人”是可以终身行之的。细细分析，我们发现这句话既包含了仁爱，又包含了尊重。也就是说，仁爱和尊重是可以终身行之的。高二阶段的学生能受到仁爱和尊重的教育而且努力实践，对他们整个人生都具有重要意义。善美人生的形成，不仅需要高度的物质文明，更需要恒久的精神文明。仁爱和尊重的教育，是实现善美人生的重要推动力。

主题班会是一种高效的教育方式，高二的班主任们在“仁爱·尊重”的大主题下自选小主题去编选的班会案例，于此缤纷呈现，希望能够给读者带来些许帮助，更希望读者参考后能给成长中的高二学子带去一点学习生活、修身养性与为人处世的指引！

肖　鲲

让仁爱之花散发永远的芬芳

王忠容

活动目的

（1）通过寓教于乐的方式让学生真正体会“仁爱”的含义，并付诸行动，拥有悲天悯人的情怀，做一名有爱的学生。

（2）引导学生关注社会，只要心存善念，拥有仁爱之心，就可以让世界变得更加温暖。

活动准备

（1）收集社会热点资料：“窨井盖”事件、拐卖儿童问题、高铁“霸座男”事件的图片和视频。

（2）设计问卷调查表：统计学生参与献爱心等公益活动的情况。

活动过程

一、活动导入

播放电影《西游·降魔篇》片段，激发学生兴趣。归纳影片中的唐玄奘用《儿歌三百首》降魔所传递的思想：每个人的内心都有真善美，只要真心付出爱，即使是妖怪也可以得到感化。爱人者，人恒爱之，拥有爱心，让仁爱之花散发永远的芬芳。

二、活动开始

（一）看图说“仁爱”

让学生仔细观察多媒体所展示的六幅图片，引导学生思考：对于图片中的人物来说，爱意味着什么？接着让学生选择自己最心动的一幅图片来谈谈感受。（可用“看到画面中的______，我感受到了爱是______”的句式说话）

老师小结：对他们来说，爱是一个温馨美满的家，是一间宽敞明亮的教室，是对老人的关爱，是对灾区人民的关注，爱就是保护环境、维护世界和平！

（二）感受“仁爱”

学生观看“窨井盖”事件、拐卖儿童问题、高铁“霸座男”事件的视频以及2018年感动中国人物“兰小草”的视频，通过视频进行对比，让学生深深理解仁爱之心的高尚与伟大。

高铁“霸座男”事件

2018年8月21日上午，在从济南站开往北京南站的G334次列车上，发生了这样一件事情：一名男乘客霸占别人的靠窗座位，不愿坐回自己的座位。当事女乘客叫来列车长后，该男乘客自称“站不起来”。列车长问其是否身体不舒服或者喝了酒，对方回答：“没喝酒。”列车长问：“没喝酒为什么站不起来?”对方称“不知道”，并表示到站下车也站不起来，需要乘务员帮助找轮椅。他拒绝坐回自己的座位，并称让女乘客要么站着，要么坐他的座位，要么去餐车。

被占座位的女乘客是一名刚毕业的女生，从济南西站上车，而当事男乘客自己的座位与该座位仅隔着一两排。最后，列车长和乘警劝导男乘客无果，女乘客被安排坐到商务车厢，直到终点。

事发当天，当事男乘客孙某在自己的微信里向朋友描述当天的经历：“今天上午我又把一车厢的人耍得团团转，包括列车长、警察、一车厢的乘客、不知道天高地厚的小姑娘。”

《法制日报》评点：对号入座是乘坐高铁等交通工具的基本规则，这既可保障购票乘客的应有权益，也有利于维护交通出行秩序。乘客可以自行协调调换座位，不过必须征得对方的同意。而在这一事件中，男乘客先是抢占了女乘客的座位，在女乘客明确表示不愿调换座位时，仍拒绝让出座位。这一奇葩行为，让众人大跌眼镜。

不过，与“霸座”行为相比，高铁工作人员对于“霸座”者的束手无策更值得关注和反思。在女乘客找到乘务员反映后，先是列车长出面和男乘客进行沟通，然后又找来乘警进行劝说，却始终无果。最终，女乘客被安排到商务车厢就座，直到终点也没能回到自己的座位。霸占他人座位固然是不对的，但由于相关规定对于违反对号入座没有具体处罚措施，高铁工作人员只能以劝导为主，没有更有效的办法。尽管男乘客的做法遭到了其他乘客的指责，相关视频发到网上后也引来网友批评，但单纯的舆论谴责，并不能让当事人产生羞愧感，从而自觉约束行为。

或许在一些人看来，“霸座”虽然可气，但也没什么大不了。同一车厢的座位并无区别，坐在哪里都一样，当事女乘客大可不必和男乘客较真，自己坐到男乘客的座位就是了。其实，与“霸座”较真看似小题大做，实则是在抵制不文明行为。这名女乘客不仅是在维护自己的乘车权益，也是在捍卫出行规则。铁路进入高铁时代，公众的规则意识也应与时俱进。维护公共交通出行规则，显然不能靠女乘客一个人战斗。

感动中国“兰小草”事迹

“兰小草”的故事要从2002年11月的一天说起。那天，《温州晚报》记者袁寿省接到一个陌生电话，说有个包裹待取。记者收到包裹打开一看，是2万元现金，皱皱巴巴，有零有整，还有一封署名“农民的儿子兰小草”的信。

信中写道：“这2万元是我们辛苦挣来的，捐给那些急需帮助的孤儿寡母……”还有一张纸条：“希望用33年时间，每年捐献2万元‘星雨心愿’善款，以报答国家社会的培养之恩，报答农民‘粒粒皆辛苦’的养育之情……”

此后连续14年，每年11月中下旬，“兰小草”都会雷打不动地送来2万元钱。为了揭晓“兰小草”的身份，媒体、慈善机构等用过派人盯守、安装摄像头等方法追查，但善于“游击”的“兰小草”总是一闪而过、无从辨认，或者干脆辗转请人代送。

那些年，虽然“兰小草”的身份仍未确定，但他的爱心和诚信感动了无数市民。2009年，“兰小草”荣获“温州改革开放30年十大慈善人物”，但领奖台上依然空缺。

“许诺容易践诺难，‘兰小草’一诺千金，立志33年完成马拉松式的善举令人感动，‘兰小草’每践诺一次，社会公众就温暖一次。”温州市慈善总会相关负责人表示。

“我也是在5年前，偶然得知温州人家喻户晓的‘兰小草’就是二哥。”王瑜说，“哥哥说他更愿意默默做点善事。家人也尊重和赞同他的意愿。”至于为何以“兰小草”的名字行善，“兰小草”王珏当时说，平凡、善良的奶奶特爱画兰花，并且在村里很受尊重。因此，他取名时将“平凡小草”与“高洁兰花”结合，作为对老人的纪念。

生活中，王珏从20岁开始，就在交通闭塞、医生紧缺的海岛渔乡当了一名普通的乡村医生，一干就是28年。他扶危济困，是村民们生命健康的守护者。

王瑜说：“2017年7月27日，二哥突然觉得身体不适，经诊断发现是肝癌晚期。”“兰小草”回到家后，却还与往常一样，热心于村里的公益事业，还给村里的老人们办了一个公益的中秋节活动。

“兰小草”的秘密，他始终未主动提起。他常对家人说：“帮助别人不需要说，做了就好，为什么一定要让别人知道呢?”

家人说，“兰小草”当初承诺的捐款年限还没达到，他们要克服困难，继续完成“兰小草”的心愿。

（2018年“感动中国”十大人物之一。“感动中国”颁奖辞：碧草之芬，幽兰之馨，有美一人，在海之滨。你用善良为一座城市留下丰碑，芳香无尽，每年的十一月十七，狮子座流星雨如期而至，那一刻，映亮了夜空中你最美的背影。）

主持人小结过渡：爱有千万种，记忆里有含辛茹苦的父母，有互帮互助的朋友，有默默关爱的他人，同时同学们也付出了爱，传递着爱。生活中的他们都是普普通通的人，却用细节演绎着爱的真谛。

（三）“仁爱”需要接力

面对生活中需要帮助的人，你献过爱吗？你准备怎样献出你的一份爱？（学生自由发言）

主持人过渡：“爱”是一个永恒的话题，只有心存感恩之心的人，才能得到世界上最美的感情。只有心存仁爱之心，我们才能共享爱的芬芳，只要人人都献出一点小爱，世界才会有真正的大爱。（全班同学合唱《爱的奉献》）

三、老师总结

“先天下之忧而忧，后天下之乐而乐”，这是大写的仁爱。现阶段不需要同学们特意去当志愿者，也不需要放弃学习去献爱心，只要大家关注我们的身边，关注周围发生的事、涉及的人，用一颗诚挚的心，给予关注与关怀，有悲天悯人的情怀，就是有仁爱之心的体现。我相信，只要在心中埋下善的种子，就会逐渐发芽，会开出耀眼的仁爱之花。同学们，伸出你的手，伸出我的手，让我们共创一个美好人间。

教后记

人之初，性本善。每个人的心中都存有善念，中学生很容易被善行感动，因此，我在设计这次班会的时候，没有“教”学生“仁爱”，而是在“分享仁爱”，因为我觉得“仁爱”不是教出来的，而是通过互相激发而引导出来的，重在引导学生自己去体会“仁爱”，去点燃心中“爱”的火花，相信星星之火可以燎原，爱的芬芳会散发到世界的每个角落。

不经历风雨怎么见彩虹

李光辉

活动目的

（1）通过挫折教育，让学生学会正确面对困难与挫折，培养学生积极应对挫折的心理品质。

（2）引导学生形成自信、乐观、坚强的品格。

活动准备

（1）学生收集名人克服困难与挫折的小故事。

（2）收集励志新闻报道。

活动过程

一、活动导入

主持人：在生活中，我们常常祝愿他人万事如意、心想事成、一帆风顺，但是有时那些祝福只是人们美好的愿望而已。在现实中，每一个人的生活道路都不可能是一条笔直、宽阔、平坦的大道，难免会遇到困难、坎坷，应该说，坎坷在每个人的生活中都存在，不经历风雨怎能见到绚丽的彩虹？

二、活动开始

（一）观看视频，情景渲染

让学生观看视频《惊心动魄 38 小时：挑战港珠澳大桥沉管隧道最终接头“重新对接”极限》，让他们理解世界级的超级工程港珠澳大桥建成的艰巨性和重大意义：从规划到设计再到建成，历时 14 年，承载了中国一大批高精尖人才的心血和艰辛，经历了常人难以想象的挫折与磨砺，才有了今天让世界震撼的超级大桥。

港珠澳大桥跨越伶仃洋，东接香港，西接广东珠海和澳门，总长约 55 公里，是粤港澳三地首次合作共建的超大型跨海交通工程。港珠澳大桥从设计到建设前后历时 14 年，攻克了无数难关，科学家和工程师创造了 400 多项新专利、6 项世界之最。港珠澳大桥是总体跨度最长、钢结构桥体最长、海底沉管隧道最长、世界最长的跨海大桥，也是公路建设史上技术最复杂、施工难度最高、工程规模最庞大的桥梁。港珠澳大桥凝聚着无数桥梁设计师与施工人员的智慧和汗水，展现了中国最高的工程水平。

2018 年 10 月 24 日 9 点，港珠澳大桥正式通车。港珠澳大桥通车后，大大缩短了香港到珠海、澳门的时空距离，从香港驱车到珠海、澳门仅需 30 分钟。通车前，如果陆路往来三地只能绕道东莞虎门大桥，车程在 3 小时左右，水路乘高速客轮也要 1 小时。大桥可通行车辆包括跨境巴士、穿梭巴士、跨境出租车、货运车辆、跨境私家车等。

（二）读故事，谈感想

可口可乐公司的故事

1984 年，可口可乐公司遭到百事可乐公司强有力的挑战，为了扭转不利的竞争局面，可口可乐公司把重任交给了塞吉诺·扎曼。扎曼更换可口可乐的旧模式，标之以“新可口可乐”，并对其大肆宣传。在新的营销策略中，扎曼犯了一个严重错误，他自以为是，根本就没有考虑到顾客口味的不可变性，他将老可口可乐的酸味变成甜味，这就违背了顾客长久以来形成的习惯。结果，新可口可乐成为继美国著名的艾德塞汽车失利以来最具灾难性的新产品。79 天后，老可口可乐就不得不重返柜台支撑局面——改为“古典可乐”。扎曼的失败对他在公司的地位造成了巨大的负面影响，不久，饱受攻击的他黯然离职。当扎曼离开可口可乐公司以后，他有 14 个月没有同公司中的任何人交谈过。对于那段不愉快的日子，他回忆道：“那时候我真是孤独啊！”但是他没有关闭任何门路，他和另一个合伙人开办了一家咨询公司，在亚特兰大一间被他戏称为“扎曼市场”的地下室里，他操纵着一台电脑、一部电话和一部传真机，为微软公司和酿酒机械集团这样的著名公司提供咨询服务。他的信条是“打破常规，敢于冒险”，在这个信条的指引下，扎曼为以微软公司、米勒·布鲁因公司为代表的一大批客户成功地策划了一个又一个发展战略。最后，甚至连可口可乐公司也来向他咨询，请他回来整顿公司工作，可口可乐公司总裁罗伯特也承认：“我们因为不能容忍错误而丧失了竞争力，其实，一个人只要运动就难免有摔跟头的时候。”

讨论：

（1）扎曼是怎样离开可口可乐公司的？

（2）扎曼离职时是什么心情？他的信条是什么？

主持人：从扎曼的例子看，挫折不光使人人格上蒙受屈辱，还会破坏个人形象。扎曼能在 7 年后杀回可口可乐公司，重塑形象，并且事业蒸蒸日上，我相信其他人也可以像他一样，不怕失败，敢冒风险，失败的境遇就会有所改观。

（三）大胆说出你的故事

主持人：现代社会竞争无处不在、无时不在，在激烈的竞争中，伴随着我们的是无数挫折与失败，那么同学们，你们的生活、学习中有哪些挫折与失败呢？（学生自由发言，谈自己经历过的挫折与感受）

（四）如何对待挫折

学生多人自由组合并讨论：面对挫折与失败，我们应该采取哪些办法？挫折与失败对我们的生活有哪些影响？

主持人：面对挫折与失败，我们不应该长期颓废不振，导致迷失方向。遭遇挫折与失败时，缩小痛苦才是明智的选择。

（五）对待挫折的方法

（1）科学地分析现实。

（2）客观地认识自我。

（3）换个角度看问题。

（4）寻求帮助，组织各种力量来共同解决难题。

（5）相信自己，决不轻言放弃。

（六）行动起来

全班同学合唱《真心英雄》。

三、老师总结

歌中唱得好，“不经风雨怎能见彩虹”，它告诉我们：人必须经历挫折，才能培养出坚忍不拔的抗挫折能力，要勇于正视挫折，磨炼自己，才能取得成功。我们班级的标语“宝剑锋从磨砺出，梅花香自苦寒来”，难道不是同学们的真实写照吗？希望通过今天的班会，同学们能在自己的人生之路上勇敢前行，相信阳光总在风雨后！成为生活的强者，越战越勇，人生之路则会越走越宽阔。

教后记

这群含着金钥匙出生、在幸福蜜罐里长大的“00后”学生，几乎没有经历过挫折，也没经历过磨难，他们经历的考试失利，对于他们来说似乎是天大的困难。教师要引导学生正确对待他们所谓的“挫折”。通过这次主题班会，希望学生有所启发，尤其通过身边的实例，让学生学会如何面对挫折与失败。

呵护生命，远离恶之花

吴积标

活动目的

（1）通过本次主题班会，让学生了解毒品对个人、家庭、社会的危害，引导学生珍爱生命、远离毒品、拒绝毒品、呵护健康生命。

（2）激发学生的社会责任感，引导学生对社会上有关毒品的言行等做正面的宣传工作，为禁毒工作贡献自己的力量。

活动准备

（1）创造条件，让学生参观禁毒展览或戒毒所。

（2）学生到图书馆查找关于禁毒的文字、图片材料或上网找音像资料，并在班级黑板上写禁毒口号等。

活动过程

一、活动导入

主持人：毒品是人类的公害。它不仅危害人民群众特别是广大青少年的身心健康，在中国近代史上，毒品曾给中华民族带来深重的灾难，如今毒品问题已成为全球性问题，它与恐怖主义、艾滋病并称当今世界三大公害。作为一名高中生，我们一定要珍爱生命，远离毒品，让我们的生命之花灿然开放并永葆光彩！

二、活动开始

（一）情景渲染

学生表演舞蹈《怒放的生命》，展示健康生命的活力与美丽。

主持人：各位同学，我们前几天已参观过禁毒展览，也在图书馆查找到了许多有关禁毒的资料，先让几位同学来和大家交流分享他们的收获吧！

（二）第一位学生发言

展示课件，介绍毒品的种类及其毒性。

罂粟花看上去都美丽，但这是色彩斑斓的“恶之花”。

吸食毒品对人的危害：毒品对人类社会的危害极大。它不仅摧毁人的意志、人格及良知，严重危害健康，而且使人犯罪，是社会不安定的重要因素。吸食毒品对人体神经、内分泌和免疫三大系统以及各组织器官的功能代谢和结构会造成严重损害。吸毒会产生对中枢神经系统的抑制，减慢呼吸频率，降低肺功能，导致人体缺氧，产生肺水肿，最终因呼吸衰竭致人死亡；吸毒会影响植物神经功能，引起脑部化学物质改变、神经功能紊乱、智能减退、血液循环障碍、胃肠功能紊乱等，从而导致头痛、抽搐、胃肠绞痛等毒副作用；吸毒可直接损害人体免疫功能，使人容易感染疾病；女性吸毒者可导致闭经、痛经和排卵停止，妊娠妇女则可导致早产、畸胎或胎儿死亡，若胎儿幸存也已成为毒品间接依赖者。同时，由于一些吸毒者采用静脉注射方式，他们共用未经消毒处理的注射器和针头，成为艾滋病传播的主要途径。吸毒使人道德泯灭，人格变异，不顾念亲情，抛弃社会责任感，以至许多家庭妻离子散、骨肉相残。吸毒者在自我毁灭的同时，也毁灭了自己的亲人和家庭。由于消费毒品耗资大，其入不敷出者，为取得财源、获得毒品，不惜铤而走险，从事盗窃、抢劫、诈骗、卖淫等违法犯罪行为，严重危害社会的安定。

（三）第二组学生表演小品

《要命的“有型”》：某生追求潇洒，常常扮酷，并认为有型就应当吸烟，又经常与社会上一些品行不端的朋友在一起，其中有一涉毒人员看到某生这种情况，伺机设圈套，让某生吸有毒品的烟，然后一步步引诱他走上不归之路。

（四）自由讨论发言

（1）主人公的经历对我们来说是一个怎样的教训？

（2）你见到或听说过类似的事吗？

（3）如何预防同类的事情发生？

（4）假如你遇上这种事怎么办？（报警……）

（5）解决这类问题的根本（最好、最有效……）方法是什么？要着重做什么事？

主持人总结：禁毒是全社会的责任，五彩缤纷的花季怎能有罂粟的盛开？幸福的生活绝不能被毒品破坏。请谨记每年6月26日是联合国规定的国际禁毒日。记住“珍爱生命，远离毒品”的口号！

（五）“远离毒品，珍爱生命”倡议书

亲爱的同学们：

当我们满怀希望坐在明亮的教室里认真学习的时候，一个响亮的声音“远离毒品，珍爱生命”在时刻提醒着我们。毒品的猖獗，使禁毒形势更加严峻。毒患，正以迅疾的发展速度威胁着整个人类社会，吞噬着人类文明！面对一个个原本和睦的家庭被毒品拆解得支离破碎，面对那些在痛苦中苦苦挣扎的涉毒青少年和他们夜夜无眠的父母，面对毒品给整个人类带来的灾难，我们深感忧虑和痛心，倍感责任重大！为此，学校对全体同学及家长提出如下倡议：

一、加强学习锻炼，筑牢思想防线

广大青少年要主动加强学习国家禁毒方针政策、法律法规，普及拒毒、防毒知识，不断增强法制观念，提高防毒、拒毒自我保护意识，进一步增强明辨是非、抵制诱惑的能力；要树立远大理想，崇尚科学、尊重知识、刻苦学习、陶冶情操，树立高尚的人生观、世界观和价值观，构筑抵御毒品侵害的牢固思想防线。

二、自觉树立主人翁意识，积极投身于禁毒斗争

广大青少年要深刻认识毒品的危害性，从自我做起，自觉树立“防毒拒毒，从我做起”的主人翁意识，要远离毒品，远离游戏厅、网吧等不利于青少年健康成长的娱乐场所，养成健康文明的生活习惯，做到“毒品不进我们的校园，毒品不进我家”，争当“禁毒小卫士”。要养成良好的生活、学习习惯，不接触毒品、

不接触吸毒的人、不刻意模仿成人的不良嗜好、不轻信盲从他人的诱惑，时刻保持高度警惕。要积极参加健康向上的文娱活动，摒弃不良的生活习俗，注重学习，历练品格，强健体魄，养成高尚的情趣、良好的习惯和健康文明的生活方式，用健康的行为抵御毒品的侵害，做“远离毒品，珍爱生命”的好少年。

三、迅速行动起来，当好禁毒宣传员和监督员

广大青少年要积极参加禁毒宣传教育活动，充分认识参与禁毒斗争是每个公民义不容辞的责任，要积极加入青少年禁毒志愿队，竭尽所能向家庭成员、社区居民、周围的朋友宣传毒品的危害性和预防知识，帮助他们提高自护意识，增强全社会的毒品防范能力。要树立“禁毒人人有责”的意识，发现身边有贩毒、吸毒现象，应及时向有关部门大胆举报，努力使自己生活的周围成为一方净土。

同学们、家长们，拒绝毒品任重道远，禁除毒患神圣光荣。让我们携起手来，共同唱响“远离毒品，珍惜生命”的主旋律，让我们在明媚的阳光下健康成长。

（六）活动结束

朗诵诗歌《我们拒绝毒品》。

毒品——一把杀人不见血的刀，一条紧勒咽喉的绳，一潭污染生命的水，一盏导向“死海”的灯。

吸毒——如同把自身变成了傀儡，如同把灵魂交给了魔鬼，如同任生命在风中泯灭，如同任青春如花般凋零。

君不见“瘾君子”们死去活来的惨状？君不闻父母亲朋无泪的哭声？害己害人害家害国！毒品啊，损害了全人类数千年的健康与文明！

曾记否百年前民族的劫难？曾记否“东亚病夫”这耻辱的名称？历史的教训、国家的重任，应该铭刻于我们每个人的心中！

青少年朋友们，我们是祖国的希望，我们是地球未来的主人，面对疯狂的毒流，让我们同声疾呼：不！我们拒绝毒品！

三、老师总结

人的生命只有一次，我们要珍惜生命，要正确地认识毒品、远离毒品。时刻记住，一旦惹上毒品，必将毁灭自己、祸及家庭、危害社会。我们应不忘“东亚病夫”的耻辱，决不让历史的悲剧重演。“远离毒品，关爱未来，健康生活”，同学们，让我们追求健康美好的人生，永不沾毒！

教后记

毒品危害社会，惨况恸人。青少年涉世未深，防范意识薄弱，往往因为贪玩、好奇或追求刺激而上当，最终害及自身又连累家庭。在校学生与社会接触少，社会经验不足，更容易受骗，所以必须加强对学生的教育。让学生认清毒品的危害性，远离毒品，珍爱生命，让每颗星星都闪耀光彩，让每颗心灵为禁毒呐喊，这是本次班会最突出的亮点。

学会换位思考

熊　波

活动目的

（1）通过游戏，让学生学会体会对方的感受。

（2）通过情景表演，学生学会以换位思考的方式处理问题，体会到换位思考的重要性。

（3）通过小组分享的方法，促进学生在日常生活中学会换位思考。

活动准备

（1）开班会前，开展一系列调查活动，了解学生最近烦恼的问题有哪些。

（2）准备背景音乐《朋友》、双色卡纸、练习卡、多媒体平台。

活动过程

一、活动导入

（1）出示一张双面卡纸，一面是蓝色，另一面是红色，红色那面朝向学生。

老师：同学们，请看这张蓝色的纸。

老师：怎么？有问题吗？就是一张蓝色的纸。

老师：这是一张千真万确的蓝色的纸。

老师：不信你们看。（把纸转过去，又转回来）

（2）提问：同一张纸，为什么我看到的是蓝色，你们看到的是红色的呢？

（3）老师小结：同样一个事物，我们站的角度不同，看到的就完全不一样。很多时候，我们都是从自己的角度去看问题，如果我们站在他人的角度去看，又会有怎样的结果呢？

换位思考是人对人的一种心理体验过程。将心比心、设身处地是达成理解不可缺少的心理机制，它客观上要求我们将自己的内心世界，如情感体验、思维方式等与对方联系起来，站在对方的立场上体验和思考问题，从而在情感上与对方产生沟通，为增进理解奠定基础。它既是一种理解，也是一种关爱。

人与人之间要互相理解、信任，并且要学会换位思考，这是人际交往的基础。换位思考，首先要做到对人对己同一标准，再则就是宽人严己。

让我们一起走进今天的主题班会：学会换位思考。（出示课题）

二、活动开始

（一）情景剧呈现身边故事：李雷和韩梅梅的故事

老师：故事中的李雷和韩梅梅是同班同学，看看他们之间到底发生了什么。

（李雷在帮韩梅梅扶放在桌上快要掉下来的书包时，不小心摔碎了韩梅梅心爱的玻璃杯）

韩梅梅：啊！我的杯子！你干吗摔我的杯子？

李雷：我不是故意的，我是想帮你……

韩梅梅：你就是存心的，故意捉弄我！

李雷：你听我解释……

韩梅梅：没什么好解释的，我都亲眼看见了！

李雷：唉……

（二）录音呈现

韩梅梅的内心独白：我既难过又生气，最心爱的玻璃杯被李雷摔碎了，我明明看见了，他还不认账，太欺负人了！

李雷的内心独白：真是冤枉啊！刚才韩梅梅的书包马上就要从桌上掉下来了，我好心帮她扶一把，不小心碰倒了她的玻璃杯，结果被她骂了一顿，硬说我是故意摔她的杯子，我都说了不是故意的。真是好心没好报！

老师提问：

（1）同学们，谁有什么话想对韩梅梅说吗？（如有同学认为韩梅梅的做法不对，让他站在韩梅梅的角度来说一说她这么做是为什么）

（2）谁有什么话想对李雷说吗？

（三）教师提问

老师：此时，韩梅梅，你有什么话想对李雷说吗？

老师：李雷，你想对韩梅梅说些什么呢？

小结：感谢韩梅梅、李雷能站在对方的角度去考虑问题。这样的换位思考是一种很好的与人相处的方式。

（四）活动分享

（1）老师提问：听完他们的故事，想想生活中的你，也可能发生过同样的事。在与同学、朋友、父母的交往中，我们有没有被他人伤害或者伤害了他人的行为呢？

学生分享自己的故事。

（2）老师：我们把这件事情写在练习卡上，并且请你换位思考，假如你是对方，会有怎样的感受？再遇到这样的事，你会怎样做？

表1 练习卡

我在与同学（朋友、父母……）的交往中，发生过这件事
假如我是他（她），我的感受是
下次再遇到这样的事，我会这样

①组长下发练习卡，组员填写。

②组长组织组员逐个分享。

③组内分享完毕后，选派一名代表在班级分享。

（3）班级分享。

按小组顺序进行班级分享。每次分享结束后，让其他同学说说，听了这个故事，通过换位思考，我们理解了这个故事当中谁有着怎样的感受。

老师总结：换位思考是融洽人与人之间关系的最佳润滑剂。人们总是站在自己的角度去思考问题，假如我们能换一个角度，总是站在他人的立场上去思考问题，会得出怎样的结果呢？最终的结果就是多了几分理解和宽容，改善了人与人之间的关系，这一切都是从换位思考做起的，宽容这一美德，最初也始于换位思考。在一个团队之中，只有懂得换位思考，才可能增强凝聚力。对于一个管理者来说，具备良好的换位思考的能力是成功进行管理的重要因素之一。

换位思考在人际交往中是一种非常有益的方式，希望同学们在日常生活中积极地尝试换位思考，走自己的路，让他人也有路可走。

（五）人际交往的智慧锦囊

（1）对他人真诚地微笑。笑容比皱眉更能传递心意，如果你希望别人喜欢你，那就不要吝啬笑容。

（2）不要指责别人。事实证明，批评只能激起别人的反抗并伤及他人的自尊，对我们毫无益处。尊重别人的意见，不要直接指出他人的错误。

（3）给予他人赞赏。赞美别人就是把自己放在同他一样的水平上。

（4）善解人意和宽恕别人。如果你对别人发了脾气，对你而言是发泄了气愤，可对他人而言呢？友善比暴力更有效，做一个友善的人，从你我开始！

（5）对别人礼貌。没有人会讨厌有礼貌的人，礼貌不仅能赢得他人的赞赏，还是自身素质的体现。

（6）保全他人的面子。给别人退路就是给自己退路。

（7）善于倾听。如果你希望自己成为一个善于谈话的人，首先就要做一个善于倾听的人。

（8）避免与他人争吵。辩言辩论不过使我们流汗，我们却要用流血来判断双方的曲直。

（9）鼓励安慰他人。一个人伤心时，对安慰鼓励他的人会有很大的好感。

（10）学会与他人商量。发号施令之前应学会说服，要有团体意识。

三、老师总结

通过这次班会，大家知道了如何换位思考，感受到了换位思考的好处就是能够解决人际矛盾，在发生矛盾时能够体会对方的感情，使自己的心情更平静和开心，能理解和宽容对方。同时，换位思考不是牺牲自己的利益、满足对方的需要，而是实现人际交往间的双赢。

教后记

我们发现高中生在人际交往过程中往往缺乏换位思考的习惯，他们更多地从自己的角度出发，把自己的感受摆在第一位，总觉得自己是对的，别人是错的。为此，本次班会旨在引导学生认识到每个人因看待事物的角度不同而有不同的选择，要学会尊重他人、理解他人；运用换位思考的方法设身处地地站在他人的角度考虑问题，选择对方可接受的方式去交往，从而建立相互理解的良好人际关系。

青春路上请勿打扰

孙　遥

活动目的

（1）学生正确认识性别差异问题；学生了解受异性欢迎的学生类型。

（2）引导学生正确对待男女同学之间的正常交往。

活动准备

（1）调查了解学生在异性交往中存在的问题和困惑。

（2）收集关于异性交往的音像、文字材料。

活动过程

一、活动导入

热身活动：人际大挑战。

主持人：进入青春期以后，你会开始在意异性对你的看法，希望能够得到异性的理解和欣赏。这都是非常正常的，高中阶段良好的异性交往对个人的身心发展非常重要，了解两性对帅和美的认识是异性交往的重要因素。

二、活动开始

（一）游戏中感触异性交流之妙

主持人：现在请男生和女生围成两个圈，女生在里圈，男生在外圈。请男生和女生面对面站着。（这是游戏准备环节，如果男女生不能一一对应，可以同性同学面对面站着）

游戏规则如下：

（1）微笑对视 5 秒。

老师引导：在人际交往中，特别是在异性交往中，眼神的笃定是良好人际能力的表现。

（2）和身边的 3 个异性握手问好。

老师引导：礼貌的、正常的异性交往是非常必要的。

（3）和身边的 3 个异性拥抱拍背。

老师引导：在人际挑战中，每个人的界限不同，如果觉得自己不能完成请表达自己的意愿。

（活动结束）主持人：刚刚的人际挑战大部分同学完成得不错，说明很多时候我们都可以大方得体地进行人际交往。

（二）我眼中的男生女生（主题活动 1）

主持人：男生、女生在生理和心理上都存在很大的差异，有差异才会相互吸引。今天，我们就来共同探讨一下，男女同学为什么要交往，应如何适度与异性交往。首先请问大家，异性差异都表现在哪里呢？你们对异性都很了解吗？大家知道男生、女生在各个方面的区别吗？

第一步：请男生、女生分别在白纸上回答以下问题：

女生：

①我喜欢的男生类型__________

②我讨厌的男生类型__________

③我认为男生喜欢的女生类型__________

④我认为男生讨厌的女生类型__________

男生：

①我喜欢的女生类型__________

②我讨厌的女生类型__________

③我认为女生喜欢的男生类型__________

④我认为女生讨厌的男生类型__________

第二步：分享讨论。

①你认为的和对方主观喜欢的类型有没有不同？

②在分享中对你触动最大、最惊讶的地方是什么？

第三步：请同学们分享总结“受欢迎的男生类型”和“受欢迎的女生类型”。

分享《少男少女》杂志根据全国6 000份调查进行研究的结论：

女生最欢迎这样的男生：①大胆勇敢的男生。②幽默诙谐的男生。③思维敏捷、善于变通的男生。④好学、敏捷的男生。⑤团结同学、重友情的男生。⑥集体荣誉感强的男生。⑦有主见的男生。⑧热心助人的男生。⑨有强烈上进心的男生。⑩敢于承担责任、有魄力的男生。

让男生欣赏的女生：①经常脸上有微笑、温柔大方的女孩。②活泼而不疯颠、稳重而不呆板的女孩。③清纯秀丽、笑起来甜甜的女孩。④心直口快、朴素善良、随和的女孩。⑤聪颖、善解人意的女孩。⑥纯真不做作、不耍性子的女孩。⑦能听取别人意见、自己又有主见的女孩。⑧坦然、充满自信和朝气的女孩。⑨不和男生打架的女孩。⑩长头发、大眼睛、说话斯文的女孩。

活动总结：客观评价自己和他人，不断完善自己，及时调整自己的行为，每个同学都能够成为受欢迎的人。

（三）悄悄告诉TA（主题活动2）

活动规则：请在纸条的背面写一句话赞美同班的异性同学（可以赞美个人，也可以赞美全部）。回收男生和女生的纸条，老师现场抽取总结。

（四）如何正确处理男女同学之间的交往关系

每一个步入青春期的少男、少女，随着生理的逐步成熟，会开始关注异性同学，并希望了解他们，与他们交往，这是一种正常的心理现象。中学生心理萌发的异性吸引是性心理和性生理走向成熟的必然结果，是一种正常的自然表现。对于中学生而言，异性同学之间的正常交往不仅有利于学习进步，还有利于个性的全面发展。一般来讲，既有同性朋友又有异性朋友的中学生，往往性格比较开朗，为人诚恳热情，乐于帮助同学，自制力也比较强；而那些只在同性同学中交朋友的人，往往缺乏健全的情感体验，不具备与异性沟通的社交能力，社交范围和生活圈子也比较狭小，人格发展不甚完善。男女同学之间的交往是有利有弊的，关键在于如何建立起积极向上、健康发展的异性关系。

（1）自然交往。在与异性交往的过程中，言语、表情、行为举止、情感流露及所思所想要做到自然、顺畅，既不过分夸张，也不闪烁其辞；既不盲目冲动，也不矫揉造作。消除异性交往中的不自然感是建立正常异性关系的前提。自然原则的最好体现是像对待同性同学那样对待异性同学、像建立同性关系那样建立异性关系、像进行同性交往那样进行异性交往。同学关系不要因为异性因素而变得不舒服或不自然。

（2）适度交往。异性交往的程度和方式要恰到好处，应为大多数人所接受。既不为异性交往过早地萌动情爱，又不因回避或拒绝异性而对交往双方造成心灵伤害。当然，要做到为大多数人所接受有时也并不容易，只要做到自然适度、心中无愧，就不必过多顾虑。

（3）真实坦诚。这是指异性交往的态度问题，要像结交同性朋友那样结交异性朋友。

（4）留有余地。虽然是结交知心朋友，但是异性交往中，所言所行要留有余地，不能毫无顾忌。比如，谈话涉及两性之间的一些敏感话题时要回避，交往中的身体接触要有分寸等。特别是在与某位异性的长期交往中，要注意把握好双方关系的亲密程度。

三、老师总结

看到同学们写给异性同学的话，我很感动，我感受到了同学之间的欣赏和祝福。每个人最怀念、最美好的时期就是中学时的青春岁月，在这最美好的岁月里，不管你遇到友情还是爱情，这都是我们人类最美好、最值得珍惜的两种感情。有友情相伴的一生是幸福而充实的，而爱情是可遇不可求的，是美丽而易碎的，正由于其珍贵而需要慎重。

感谢大家一起度过这么美好的时光，下面送给大家一首诗，请大家跟着我一起读。

爱，是一首无字的歌，要用全身心去感受；爱，是一条漫长无尽的小路，要用整个生命走……爱情是两个人的世界，而友谊却是广泛的。爱情的明珠不可分为两半，友谊之花可以向一切至诚者奉献；愿友谊之花永远开放你心中。祝大家一路走好，微笑走过花季！

教后记

男女同学交往问题一直是中学生敏感的话题。但青春期也是培养学生人际交往能力，特别是提高异性交往能力的关键期。在这个时期，如何引导学生正确对待异性交往，一直是教师、家长、社会学者和教育学者所关注的问题。通过开展这次生动有趣的主题班会，让学生在活动与讨论中正确地对待男女同学交往，帮助他们安全渡过青春阶段所谓的“危险期”。

阅读经典，润泽人生

卢生宇

活动目的

（1）通过诵读经典文章，激发学生的爱国情感，引导学生传承文明，树立正确的价值观。

（2）让学生接受国学经典的熏陶，促进学生形成健全的人格。

活动准备

（1）提前设计、下发课外阅读经典情况调查表，由班委负责，并做出统计分析。

（2）要求全班同学回忆自己读过的经典文章，并写成文稿，准备向其他同学推荐，选择四位同学的作品在班会上分享。

活动过程

一、活动导入

主持人：戏剧大师莎士比亚说：“书籍是全世界的营养品，生活里没有书籍，就好像没有阳光；智慧里没有书籍，就好像鸟儿没有翅膀。”同学们，由此我们可以想到，读书对我们是何等的重要。正如俄罗斯作家普希金所说：“书籍是我们的精神食粮。”

历史从远古走来，走出洞穴、走出山林，走向平原、走向现代化的高度文明。无论从盘古开天、仓颉造字算起，还是以甲骨篆文、金石成篇开始，书籍似乎已经成了我们人类生活中不可缺少的一部分。

下面请观看《中国诗词大会》第三季冠军、快递小哥雷海为夺冠的精彩视频。

雷海为出生在湖南的一个农民家庭。在村里当语文老师的父亲给了雷海为诗词方面最早的启蒙。雷海为很小的时候，父亲就开始督促他背诵诗词。为了背诗，雷海为把写着各种诗词的字条贴满了厨房的墙壁。就这样，他学会了《春晓》《静夜思》等较为简单的“入门级”诗词。不过雷海为觉得，这些诗尽管简约，却很有韵味，非常适合背诵。

除了醉心诗词，雷海为还酷爱武侠小说，是个不折不扣的“金庸迷”。《笑傲江湖》《射雕英雄传》《天龙八部》《侠客行》等都是他心中所爱。甚至，他连微信头像用的都是周润发饰演的令狐冲。

在生存压力面前，对诗词的热爱成为雷海为最大的精神寄托。许多人的人生中，总有那么一两本书始终对他们产生着重要影响。雷海为最难以忘怀的是一本叫“诗词写作必读”的书。2004 年，23 岁的雷海为在书店偶然看到了这本书，狠下心来花“重金”将其购买，并开始反复地阅读与学习。据雷海为自己说，正是这本《诗词写作必读》让他踏入了诗词的大门。当他背诵诗词的时候，那些喜欢的文字才能融进他的身心，融入他的生命中。慢慢地，他从简单的熟练背诵，发展到能够理解蕴含在诗词中的深意。他从“爱诗”走向真正“懂诗”。

雷海为在《中国诗词大会》夺冠后，主持人董卿这样评价他：“你不仅战胜了所有对手，你更战胜了你自己，战胜了生活！你是一位生活的强者！”

主持人：从雷海为的身上，我们可以看到，一个人如果真想做一件事，总能挤时间去做。他每天随身携带一本《唐诗三百首》，即使等餐的时候他也会背上一首诗，甚至利用送外卖时等红灯等碎片时间背诵并加以巩固，他用这种方式背下了一千多首诗。

古往今来，无数优秀的篇章滋润、教益着后人。那些先辈、英烈、伟人、学者之所以走过璀璨的人生之路，都得益于他们的广蓄博收、孜孜以读。

二、活动开始

（一）两位同学分享名人读书的故事

曹禺真读书假洗澡

抗日战争期间，曹禺在四川江安国立剧专任教。一年夏天，有一次曹禺的家属准备了澡盆和热水，要他去洗澡，此时曹禺正在看书，爱不释手，一推再推，最后在家属的再三催促下，他才一手拿着毛巾，一手拿着书步入内室。一个钟头过去了，未见人出来，房内不时传出稀落的水响声；又一个钟头过去了，情况依旧。曹禺的家属顿生疑惑，推门一看，原来曹禺坐在澡盆里，一手拿着书看，一手拿着毛巾在有意无意地拍水。

林纾苦读成大器

林纾是我国近代著名的文学家、翻译家。他是福州人，清末举人。林纾小时候家里很穷，却爱书如命，买不起书，就只好向别人借来自己抄，按约定的时间归还。他曾在墙上画了一具棺材，旁边写着“读书则生，不则入棺”，把这八个字作为座右铭来鼓励、鞭策自己。这句名言的意思是他活着就要读书，如果不读书，还不如死去。他常常是起五更睡半夜地摘抄、苦读。他每天晚上坐在母亲做针线的清油灯前捧着书孜孜不倦地苦读，一定要读完一卷书才肯睡。由于家里穷，加上读书的劳累，他 18 岁时，患了肺病，连续 10 年经常咳血，但他卧在病床上还坚持刻苦攻读。到 22 岁时，他已读了古书 2 000 多卷；30 岁时，他读的书已达 1 万多卷了。

他曾说：“用功学习虽是苦事，但如同四更起早，冒着黑夜向前走，会越走越光明；好游玩虽是乐事，却如同傍晚出门，趁黄昏走，会越走越黑暗。”

（二）“晒”书架、分享阅读美

主持人：同学们，我们正处在增长知识的时候，为了将来成为一个有益于国家、有益于人民的人，更重要的是我们要成为一个热爱生活的人，我们就应该像季羡林、杨绛这样的伟人一样享受读书带来的乐趣。每天我们在紧张的学习之余，还有一片属于我们的课外阅读天地，我相信在座的每一位同学都读过课外经典书籍，并在阅读过程中受到过启发教育，有过深切的体会。下面就请几位同学“晒”一下他们的书架，并向大家分享他们在阅读中所享受的美。（学生发言）

主持人：书是我们的好朋友、好老师，我们应该多读书、苦读书，从书中汲取营养，增长知识。我们应大量阅读经典，充实我们的心灵。

（三）游戏环节：飞花令

飞“春”字

春眠不觉晓，处处闻啼鸟。
等闲识得东风面，万紫千红总是春。
好雨知时节，当春乃发生。
小楼一夜听春雨，深巷明朝卖杏花。
人闲桂花落，夜静春山空。
春江潮水连海平，海上明月共潮生。

无意苦争春，一任群芳妒。

飞“月”字

春江潮水连海平，海上明月共潮生。
九月寒砧催木叶，十年征戍忆辽阳。
不知细叶谁裁出，二月春风似剪刀。
人间四月芳菲尽，山寺桃花始盛开。
春宵一刻值千金，花有清香月有阴。
可怜九月初三夜，露似珍珠月似弓。
停车坐爱枫林晚，霜叶红于二月花。
七月在野，八月在宇，九月在户，十月蟋蟀入我床下。

主持人：中国诗词无穷的魅力、隽永的生命力、不竭的感召力，鞭策我们传承并使古老的诗词歌赋焕发青春。让“腹有诗书气自华”成为我们诗意人生的追求，让经典文化根植我们的心灵，润泽我们的人生。

（四）配乐诗朗诵

一本书像一艘船，带我们从狭窄的地方驶向无限广阔的生活海洋。欣赏配乐诗朗诵《没有一艘船，能像一本书》。（配乐：《秋光奏鸣曲》）

三、老师总结

阅读经典需细品，需在风静人定的秋夜想起那“留得残荷听雨声”的闲情，需在金风袅袅的黄昏想起那“帘卷西风，人比黄花瘦”的婉约，需在浩浩江水边想起那“大江东去，浪淘尽”的豪放。在这个浅阅读流行的时代，我们只有守住内心的深度、心灵的深度，才不至于迷失自己。阅读经典，照亮我们的人生。

教后记

本次班会针对一部分中学生对课外阅读认识不足、阅读目的不明确、以为网络碎片化的阅读就是阅读、迷恋武侠言情小说的现状，通过形式多样的活动，引导学生多阅读经典好书，并增强其分辨是非的能力，发挥好书籍对帮助学生树立正确的人生观、价值观的重要导向性作用。

做情绪的主人

孙 遥

活动目的

（1）了解对情绪的觉察与表达对人身心健康的重要性。

（2）学会觉察和表达情绪，提高表达情绪的能力。

（3）引导学生培养积极情绪。

活动准备

（1）开班会前，开展一系列调查活动，了解学生在情绪失控时一般采用哪些情绪调节方法以应对。

（2）收集关于情绪的图片材料。

（3）环境（黑板、场地等）布置。

活动过程

一、活动导入

“抓手指”活动规则：每个小组的同学围成一个圆圈坐好，请所有同学伸出右手，食指向上，左手掌心向下。然后，请每位同学用自己的右手食指接触右边同学的掌心。活动开始后，当听到“情绪”一词时，所有同学开始抓左边同学的手指，同时不要忘了自己的右手指还要逃开。

活动指导语：说起“情绪”两个字，我们就会想到很多描写不同情绪的成语，像“眉开眼笑”“心花怒放”都用来形容一个人快乐的情绪，而“怒发冲冠”“勃然大怒”可以形容一个人愤怒的情绪，“惊慌失措”“惶恐不安”则可以形容一个人的惊慌。当一个人悲痛欲绝时，说明他正处于极度伤心之中；若一个人热泪盈眶，则可以看出其内心万分激动。因此，我们可以从一个人的表情、动作看出他的情绪变化。

二、活动开始

（一）通过“表情脸谱”识别了解情绪

通过课件呈现“表情脸谱”，引导学生识别情绪中表情的变化。

（二）学生针对“什么是情绪”自由发言

情绪是指人对客观事物的态度体验及相应的行为反应。它由以下三个部分组成：

（1）情绪的外在行为表现，是指个体在产生某种情绪体验时，一般会伴随着身体各个部位动作、姿势的变化，即身体语言。身体语言主要包括面部表情、身段表情和言语表情。

（2）情绪的生理基础，是指和情绪有着密切关系的人体许多内部器官的活动。

（3）情绪的主观感受，是指情绪反映了个体的需要是否获得满足以及满足的情况如何。

（三）学生谈情绪：“情绪有好坏之分吗?”

学生讨论：很多时候我们会对不同的情绪产生误解，认为低落的情绪，如焦虑、抑郁等是不好的情绪，内心排斥；认为只有高涨的情绪，如高兴、兴奋等才是好的情绪。

教师总结：情绪只有功能之分。比如，愤怒激励我们战斗，焦虑让我们思考未来……

健康的情绪不是指时刻处于阳光状态，而是你所表现出的情绪应与你所遇到的事件呈现出一致性。如果你遇到抢劫，你感到恐惧是正常的；如果你的亲人离世了，你感到悲伤是正常的；如果你被误会了，你感到愤怒是正常的。

（四）学生头脑风暴，思考有效管理情绪的方法

主持人：情绪本身并无好坏之分，但应学会适时适度地处理情绪，防止长久陷入某种情绪而损伤身心健康。那么，当自己的情绪影响到学习和生活时，你有哪些处理情绪的办法？现在就让我们开始“头脑风暴”，畅谈管理情绪的方法。

小组 1：①大哭一场。②写日记。③唱歌、听音乐。④做运动。⑤睡觉。⑥向亲近的人发脾气。

小组 2：①倾诉。②写日记。③睡觉。④做运动。⑤旅行。⑥参加轻松的社交活动或组织一次活动。

（五）老师谈有效管理情绪的方法

主持人：在情绪的问题上，有一个人，他既是专家，也最了解我们情绪的情况，他就是我们的心理老师。下面有请心理老师跟我们分享有效管理情绪的方法，请同学们认真听、认真记录。掌声欢迎！

心理老师：情绪这种负性的情绪体验究竟是怎么来的？咱们先做一个小游戏。我给你们讲一个小故事，然后你们在自己的脑海里，随着我讲的这个故事来模拟一个场景，再按照我的要求，在纸上写下这个问题的答案。咱们现在就设想这样一个场景：大清早起来，你准备去上学。前一天晚上，你费了好大的劲，做了一件特值得骄傲的纸模型。早上你满心欢喜地拿着这个纸模型，走在上学的路上。这个时候你突然发现，在路边的长椅旁边，有 50 块钱，这个时候你走过去，把模型放在了长椅上，弯下腰去捡这 50 块钱。就在这时，从身后走来一个人，一屁股就坐在这个椅子上，正好坐在了你的模型上，你这个时候的感受是什么？

学生 A：非常生气。

学生 B：首先特别无奈，其次就特别恨那个人。我觉得我会怒视他。

心理老师：两位同学都有不同的感受，那么咱们再往下讲这个故事。这个时候你突然发现，原来那个人是盲人。现在再写下你这个时候的心理体验和想法。

学生 A：心里觉得是冤枉人家了，我可能会觉得对不起他，会有点自责。

学生 B：我怎么可以怪他，就算我当时恨那个人，我也觉得自己这样做不对。虽然刚才我觉得自己第一个感受是特别无奈，觉得没有办法可以解决这件事，再也没有弥补的办法，可是现在应该不会有那样的感受了，我觉得今天回家再做一个就是。大家可以发现，其实后果也没那么严重。

心理老师：你发现没有，这个时候学生 B 的情绪状态已经发生变化了，由原来那种很无奈、很郁闷的状态转向比较积极的态度。

主持人：大家可以发现，同样一件事情、同样的经过，而且发生的细节都是一样的，但是换一个人，他的感受是完全不一样的。

心理老师：那么从你们写的这个过程，自己来想想前后情绪的变化。其实事情是完全一样的，但是为什么你们的情绪体验变了，这里面就涉及心理学中很著名的情绪 ABC 理论，它最基本的假设就是认为引发人情绪反应的结果，不是事件本身，而是人的信念系统，是你对这件事情的解释。我可能改变不了周围的环境，但是我可以改变对这个事情的理解角度，进而可以改变对这个事情的理解。(加强讲解和方法指导)

主持人：说了这么多情绪管理的方法与原则，相信同学们肯定比以前更会有效地管理自己的情绪，祝愿我们每位同学都能做情绪的主人。

三、老师总结

亲爱的同学们，今天我们探讨了情绪管理之道，掌握了情绪 ABC 理论，非常感谢我们的心理老师以及各位同学的分享。同时，在以后的学习和生活中，我们对情绪管理有“四不”原则需要遵循，分别是不责备、不逃避、不遗忘、不委曲求全。

总之，我们不能改变环境，但可以改变自己；不能改变事实，但可以改变态度；不能改变过去，但可以改变现在；不能左右天气，但可以改变心情；不能选择容貌，但可以展现笑容；不能预知明天，但可以把握今日；不能事事成功，但可以事事尽力。

教后记

中学生的情绪不仅是强烈的，还是多变的、不稳定的。有的中学生上午还在为一件小事而兴高采烈，下午就会因受到一点委屈而意志消沉；有的中学生对外部刺激的反应相当迅速，几句批评便能挫伤其自尊心，令其垂头丧气，严重影响学习状态、同学关系。因此，良好的情绪管理能力显得尤为重要。作为老师特别是班主任，我们应该引导学生掌握有效管理情绪的方法。

用心呵护这颗蓝色的星球

林金杨

活动目的

（1）使学生充分认识到环境对人类生存的重要性，环境的好坏与每个家庭、每个人都是息息相关的。

（2）使学生认识到环境污染的危害性，保护环境是我们每个人应尽的职责，以实际行动保护环境，把环境意识落实到行动上，增强学生的环保意识和责任感。

活动准备

（1）组织学生学习收集相关环境被破坏的资料图片。

（2）准备环保知识竞赛试题。

活动过程

一、活动导入

主持人：习近平主席曾说："环境就是民生，青山就是美丽，蓝天也是幸福，绿水青山就是金山银山；保护环境就是保护生产力，改善环境就是发展生产力。在生态环境保护上，一定要树立大局观、长远观、整体观，不能因小失大、顾此失彼、寅吃卯粮、急功近利。我们要坚持节约资源和保护环境的基本国策，像保护眼睛一样保护生态环境，像对待生命一样对待生态环境，推动形成绿色发展方式和生活方式，协同推进人民富裕、国家强盛、中国美丽。”

“我没见过黑夜，我没见过星星，我没见过春天、秋天和冬天。我出生在刹车时代结束的时候，那时地球刚刚停止转动。”这是小说《流浪地球》的开篇。下面一起观看电影《流浪地球》的精彩片段。

主持人总结：当冰封的上海和北京出现在荧幕上时，镜头转向忙碌的人流、兢兢业业工作的人们。这是一种“国破山河在”的悲怆，让人流泪。保护环境，保护我们的地球，就是保护我们的家园。

二、活动开始

（一）通过课件展示学生收集的关于环境污染的触目惊心的图片和一些数据，让学生了解环境污染的严重性以及环保的紧迫性

主持人：未来的十年，地球上的人口可能会达到 80 多亿，人们需要食物、水、居住的空间和驱动车辆的能量。这样一来，其他动植物的生存条件就会受到限制，进而生态环境就会出现许多问题，如全球性变暖、酸雨、臭氧层空洞等，这仅仅是其中的几个问题。因此，我们要保护地球，保护我们的家园。

（二）播放《穹顶之下》环境污染的片段

过渡语：每个人的头顶上都有一个穹顶，而我们习惯了低头忙碌地过自己的生活，从不抬头仰望一下头顶上那片最美的天空。但其实，只要我们抬头，就会看到它的变化；只要伸手，似乎就能离它更近一点；只要众人联手，似乎就能触摸到它了。这个世界与我们有关，未来的世界也与我们息息相关。（摘自柴静《穹顶之下》）

（三）环保知识小竞赛

竞赛开始，分组抢答，答对得 10 分，答错不扣分。要待主持人说“开始”后才能抢答，违反者则要表演一个节目。

（1）中国环境标志图标的含义是什么？

答：中国环境标志的中心结构是青山、绿水、太阳，表示人类赖以生存的环境，外围的 10 个环表示公众共同参与保护环境。图标寓意为全民联合起来，共同保护赖以生存的环境。

（2）人类目前面临着哪些环境灾难？

答：水污染、空气污染、植被萎缩、物种濒危、江河断流、垃圾围城、土地荒漠化、臭氧层空洞等。

（3）当代人类面临的三大难题是什么？

答：人口膨胀、资源短缺、环境恶化。

（4）选用什么样的洗衣粉能减少水污染？

答：无磷洗衣粉。

（5）日常生活中怎样节约用水？

答：随时关紧水龙头、一水多用、保护水源等。

（6）什么是绿色消费？

答：用环保的眼光去选购和使用商品。

（7）“世界地球日”是哪个国家提出的？

答：美国（4 月 22 日）。

（8）什么是白色污染？怎样消除白色污染？

答：白色污染即塑料废弃物给环境带来的污染，如塑料袋、一次性饭盒、农用地膜等。每个公民应从“提起布袋子、限用塑料袋”等方面消除白色污染。

（9）我国的植树节是在什么时候？

答：3 月 12 日。

（10）我们能为保护臭氧层做些什么？

答：选用无氟冰箱，不含氟的摩丝、空气清新剂等。

（11）举例说明现代生活中充斥着哪些一次性用品。

答：一次性饭盒、桌布、尿布、牙刷等。

（12）举例说明日常生活中我们可以节约哪些资源。

答：节水、节电、节约纸张、节约粮食等。

（13）世界环境日是哪一天？

答：6 月 5 日。

（14）我们应该怎样从我做起，保护环境？（多答案）

答：室内外多种植物可使周围阴凉，减少开风扇、空调的次数。

答：时常留意保养电器（特别是空调），减少耗电。

答：洗澡多用淋浴，少用浴缸，可省下许多水。

答：选购白色卫生纸，可以减少颜料污染，用草纸更好。

答：多在家里进餐，少去餐馆，可减少浪费及污染。

答：多自制饮料食品，有益健康又省钱，更保护环境。

答：多光顾传统市场，可以减少过分包装及购买加工食品的次数。

答：郊游及远足时自备水壶，少买包装饮料。

答：少光顾高度浪费资源（如用发泡胶盒）的餐饮店。

答：衣着顺应自然，多选自然纤维（棉、羊毛、麻等）衣物，少买人造纤维衣物。

答：适量添置衣物，买得太多会浪费资源。

答：多乘坐公共交通工具，必要时才乘出租车。

答：尽量少用有毒的文具（如涂改液）。

答：安排把废纸回收再生。

答：自制礼物或贺卡，既可突显心意，又可省钱、省资源。

答：实行垃圾分类。

答：习惯每张纸写两面才丢掉，重复利用旧信封。

答：旧电池放进资源回收，切勿丢在郊外、海里、街上。

答：少用纸巾，减少树木砍伐。

答：加入绿色组织，多捐款及支持活动。

（四）考察报告

分别由七八个学生组成环保小队，利用色彩鲜明的图片、生动的录像、电脑演示及一些有关雨林、动物、植物等方面的小故事，以报告形式轮流上台向大家介绍各方面的环境知识及环境措施，并提出倡议。

地球只有一个，不要指望有另一个适合人类居住的星球。即使有，也难以实现搬迁。就算实现了，难道搬到另一个星球后，我们再去破坏它吗？所以，从现在起，让我们一起来保护地球吧！不然，如果哪天世界末日来临了，我们后悔都来不及。我们应该保护地球，在此，我要呼吁大家：

（1）少用一次性筷子，因为一次性筷子是树木做的。

（2）如发现身边的朋友破坏环境，要及时制止他。

（3）要节约用水，不用时要把水龙头及时关紧。

（4）喝完饮料后，塑料瓶不要乱扔，可以给废品回收站。

（5）少用白色塑料袋，多用环保袋，减少白色污染。

（6）电池没电后，应该收集起来，给废品回收站。

（7）不要乱扔垃圾，不要随地吐痰。

（8）多植树，不乱砍伐树木。

（9）要节约用电，电灯要用节能灯。

（10）不乱捕杀动物，要保持生态平衡。

让我们共同努力，共创美好家园。保护环境，人人有责。我相信，只有每个人都付出努力，地球才会恢复原来的样子。

三、老师总结

柴静在《穹顶之下》写道："每次在夜空中，看到这颗星球孤独旋转，我心中都会有一种难以名状的依恋和亲切。将来有一天，我会离开这个世界，但是我的孩子还在其中生活，这个世界就与我有关，所以我才凝视它，就像我凝视你，所以我才守护它，就像我守护你。"保护环境，伸出你的手，伸出我的手，一起去爱护环境、保护环境，我相信，有了我们每个人的参与，我们的校园会更美丽，我们的祖国会更美丽。让我们从自己做起，从现在做起，为人类的未来共同努力，让我们的地球更美丽，保护环境是我们每个人都不可推卸的责任。

教后记

本次班会主题鲜明，目标也比较明确，抓住了“保护环境，人人有责”的关键点。面对人类生存环境的恶化、地球生态平衡的破坏，如何保护环境是21世纪地球人共同面临的挑战。班会中通过现场回答问题和讨论的形式，充分调动了学生的参与热情和兴趣，充分发挥了学生的主体性。班会将“环保”这一大主题与人人关联；进而从班会组织过程中，让学生自主搜集资料并主持班会，使每个学生从对美好河山的赞美到对环境污染的叹息，激发出保护环境、关爱生命的责任意识，并明确保护环境可以从自己身边做起，从爱护校园一草一木做起，让学生得出“保护环境，人人有责”的结论。

加强同学们的环保意识，树立环保观念，养成保护环境的良好习惯，通过本次班会，让学生认识到为学校和社会做出自己应有的贡献是自己的责任，增强了学生的主人翁意识。

安全大于天

肖 鲲

活动目的

（1）通过主题班会进一步增强学生的校园安全意识和自我保护意识。

（2）了解我们身边存在哪些不安全隐患，知道如何防患于未然。

活动准备

（1）活动前，将全班同学分成若干活动小组。

（2）搜集有关中小学生安全隐患的数据，以及有关校园生活安全隐患大排查、餐厅饮食安全调查等的资料。

活动过程

一、活动导入

主持人：生命对于每个人来说只有一次，生活中存在许多诱惑，同学们一定要有安全意识，珍惜生命，注意安全，安全重于一切。只有身心健康，才能保障我们好好学习，将来回报父母，回报社会。请同学们说说，我们的身边存在哪些危险？

（学生畅所欲言：交通事故、溺水身亡、触电身亡、食物中毒、火灾、煤气中毒……）

二、活动开始

（一）安全隐患大排查

各调查小组公布调查结果：

（1）宿舍：

①睡上铺的同学在床上乱晃动，容易掉下来。

②在宿舍里打闹，关门挤着手。

③将热水瓶打碎了，易烫伤。

④二楼的同学趴在护栏上往下望。

（2）餐厅：

①吃饭铃声一响，疯跑在去餐厅的路上，易跌倒。

②吃饭时说说笑笑，容易噎食。

③夏季到来，食品易腐烂变质，同学隔墙买“三无”食品。

（3）教学楼：

①上下楼梯相互拥挤，一步迈好几个台阶，或是坐在楼梯扶手上往下滑。

②在教室走廊跑跳、打闹、推搡、摔跤，抱着同学往墙上撞或摔在地上。

③坐在走廊开着窗的窗台上或是随意将身子探出窗外。

④用湿手去插饮水机、多媒体的电源。

（二）学习安全知识

（1）日常行为安全：不携带刀具、火种或其他危险品进入校园；严禁勾结校外人员来校滋事、打架；不进网吧、游戏室、歌舞厅等娱乐场所；不在楼梯、走廊上追逐打闹或推撞；上下楼梯靠右行，不拥挤、不抢行；严禁攀爬围墙、栏杆及大树。

（2）体育课、实验课安全：上体育课时，要有防范意识，不随意投掷器材；上实验课时，要严格操作程序，按规范操作，不随意动用器材和药品，不携带任何化学药品出实验室。

（3）集体活动安全：班级、年级、学校组织的户外活动，要严格遵守活动纪律，听从老师的指挥，身体不舒服要及时告知老师或身边的同学。

（4）心理健康安全：心理上出现问题可采取适当方法加以排解，如可找老师、家长、同学、朋友倾诉等。

（5）地震：遇地震，先躲避，桌子床下找空隙，靠在墙角曲身体，抓住机会逃出去，远离所有建筑物，余震蹲在开阔地。

（6）火灾：火灾起，怕烟熏，鼻口捂住湿毛巾，身上起火地上滚，不乘电梯往下奔，阳台滑下捆绳索，盲目跳楼会伤身。

（7）洪水：洪水猛，高处行，土房顶上待不成，睡床桌子扎木筏，大树能拴救命绳，准备食物手电筒，穿暖衣服度险情。

（8）台风：台风来，听预报，加固堤坝通水道，煤气电路检修好，临时建筑整牢靠，船进港口深抛锚，减少出行看信号。

主持人：校园安全涉及青少年生活和学习方面的安全隐患有20多种，如交通事故、食物中毒、体育运动损伤、网络交友安全、火灾火险、溺水等。可见危险无小事，危险在身边，切不要大意酿祸端，请珍爱生命，远离危险。

（三）自护又自救

有专家指出，通过安全教育，提高自我保护能力，80%的意外伤害将可以避免。

（1）出现危险怎么办？

主持人出示案例，学生选择最感兴趣的话题，小组讨论交流如何进行自救。

案例：

①鼻子出血怎么办？

②如果你看到有人触电了，情况非常危急，你该怎么办？

③如果你在打热水时或是在家里不小心烫伤了，怎么办？

④如果不小心发生火灾，怎么办？

⑤下了晚自习，如果你独自走在回家的路上，突然有一个陌生人出现，并热情地要送你回家，此刻你该怎样拒绝？

⑥如果发现有人落水怎么办？

A. 要大声呼救成年人前来救人。因同学们力气小，即便是水性好，在水中救人也很困难。

B. 要救人，最好是携带救生圈、木板等漂浮物去救人。要注意，不要被落水的同学紧紧地抱住，否则会双双下沉。

C. 也可在岸边将长竹竿或绳子投向落水者，让他抓住，拉上岸，以协助其自救。

D. 岸上抢救。让溺水者平躺，头偏向一侧，协助其将口、鼻内的泥沙和水吐出来。假如呼吸很微弱或已经呼吸停止，要马上做口对口人工呼吸和在胸部正中进行压挤，帮助心脏恢复跳动。经过20～30分钟的抢救，也许会醒过来，眨眨眼睛或出现微弱的喘气。

E. 情况严重的，应在救人开始就拨打“120”急救电话，请医生来现场救护。不要一救上岸就急着送医院，这样有可能死在路上。

（四）活动总结

通过这次主题班会，同学们掌握了一些安全防护知识，如上下楼梯不要拥挤，文明谦让，靠右行走；遇到陌生人，我们不能随便跟他走，遇坏人要拨打110；遇火灾拨打119；药片不能随便服用等安全知识。希望通过这次班会让更多的同学了解安全知识，提高自我保护意识。

三、老师总结

希望通过这次主题班会，能进一步增强我们的安全意识和自我保护意识，让安全系着你、我、他。愿我们的生活每天都充满阳光和鲜花，愿平安永远伴随着大家！

教后记

本次班会对学生进行了安全教育，学生通过学习有关安全知识，增强了安全意识。进一步对学生强调在校园内的安全注意事项以及在校外如何有效地进行自我防范，在平时上学、放学的途中应注意哪些交通安全事项，如何正确保护自己，使学生进一步认识了安全的重要性。这次班会活动达到了预期的目的，通过一系列真实、生动的案例，“让事故远离校园，让安全永远相伴”的理念更加深入学生心中，为杜绝安全事故的发生起到了良好的教育效应。

提高效率，磨刀不误砍柴功

庞　莉

活动目的

（1）结合学生实际，引导学生正视学习效率问题，优化学习效率。

（2）利用班级学习榜样的作用，营造良好的学习氛围，激发学生的学习热情。

活动准备

（1）组织学生制订近期学习计划。

（2）设计学习调查表，统计学生在学习上存在的比较突出的问题。

活动过程

一、活动导入

主持人：我们每天都在学习，每个人的学习效率却不一样。有的同学能做到每天按时完成学习任务，成绩优异；而有的同学整天忙碌，总是感觉时间不够，甚至连老师布置的作业也无法完成。我们希望通过今天的班会，能提高大家的学习效率，让大家的学习达到事半功倍的效果。

二、活动开始

（一）学习问题自我评价

主持人：为了开展本次班会，同学们收集了有关学习效率的一些问题，请大家思考，当我们遇到下列问题时，我们是怎样处理、对待的。

（1）时间安排问题。

①是否很少在学习前确定明确的目标（比如要在多少时间里完成多少内容）？

②是否常常没有固定的学习时间安排？

③是否常拖延时间以至于作业都无法按时完成？

④学习计划是否从来都只能在开头的几天执行？

⑤一周学习时间是否不满10小时？

⑥是否把所有的时间都花在学习上了？

（2）注意力问题。

①注意力完全集中的状态是否只能保持10至15分钟？

②学习时，身旁是否常有小说、杂志等令人分心的东西？

③学习时是否常有杂念？

④是否常与人边聊天边学习？

（3）学习兴趣问题。

①是否一见书本，头就发胀？

②是否只喜欢文科，而不喜欢理科？

③是否常需要强迫自己学习？

④是否从未有意识地强化自己的学习行为？

（4）学习方法问题。

①是否经常采用题海战术来提高解题能力？

②是否经常采用机械记忆法？

③是否从未向学习好的同学讨教过学习方法？

④是否从不向老师请教问题？

（二）围绕上述四个方面的问题，分组讨论，展开交流

班主任巡视，参与指导讨论。

（三）各组交换讨论意见

主持人：下面请各组组长整理自己小组的讨论情况。

（四）成果总结

主持人：根据各小组的讨论情况汇总，我们取得了几个有关如何提高学习效率的一致观点：

（1）提高学习效率的关键是学会用心。学习的过程应当是用脑思考的过程，无论是用眼睛看、用口读还是用手抄写，都是辅助用脑的手段，真正的关键还在于用脑子想。比如记单词，如果你只是随意地浏览或漫无目的地抄写，也许要很多遍才能记住，而且不容易记牢；而如果你能充分发挥自己的想象力，运用联想的方法去记忆，往往可以记得很快，而且不容易遗忘。可见，如果能做到集中精力，发挥脑的潜力，一定可以大大提高学习效率。

（2）另一个影响学习效率的重要因素是情绪。精神饱满，学习、记忆知识就会感到很轻松，学得也很快，其实这正是我们学习效率高的时候。因此，保持良好的情绪是十分重要的，在日常生活中，应当有较为开朗的心境，以一种热情向上的乐观生活态度去对待周围的人和事，这样就能在自己的周围营造一个十分轻松的氛围，学习起来也就感到格外有精神。

（五）提高学习效率的建议

1. 制作学习卡片，随身携带

"不积跬步，无以至千里；不积小流，无以成江海。"在复习过程中总会遇到一些概念、公式、定理等需要反复记忆，有的同学英语不好，建议大家把这些内容制作成学习卡片随身携带，利用自己闲暇的时间来复习，效果比较显著。

2. 随手笔记

俗话说，好记性不如烂笔头。大家在听课、复习、练习的时候，要养成整理笔记的习惯。把一些易错易忘的知识点都记录在笔记本上，定期翻看。

3. 用不同颜色的笔和特殊符号做标记

大家所学到的知识一般都有不同要求，有的是掌握，有的是了解，有的是理解，还有的是应用。有的是概念，有的是关键考点等。建议大家购买不同颜色的笔，然后自己定义一些特殊符号，做标记。做好标记之后，当你再次复习时，会发现通过符号和颜色，能很快抓住重点。

4. 错题整理和浏览

错题记录了要反复看，要亲自再做一遍。

5. 睡觉前回忆知识点

每次睡觉前，不妨做一下回忆复习，把自己当天学的内容在大脑里回顾一下。如果遇到想不起来的，就赶快记下来，第二天补上。也可以睡前回顾一下背过的课文或者概念，如果想不起来，可以记到卡片上。

6. 制订复习计划

凡事预则立，不预则废，“学霸”之所以能够取得好成绩，与他们的复习计划有很大的关系。根据自己的实际，制订符合自己的复习计划，然后按部就班地执行。

7. 统筹全局，分析自己的优势和劣势

知己知彼，百战不殆。擅长学习的人，肯定对自己的各个科目学习情况都非常了解。大家要对自己做好剖析，找到自己的优势和劣势，然后有针对性地进行复习。

8. 反复定时练习，把练习当考试

平时在做题的时候，一定要有时间观念。很多时候不是你不会，而是你做不完。这就需要你在平时做大量练习来增加熟练度，而且平时一定要有时间观念，按规定时间来做题。

9. 制定作息时间表，保证睡眠

“学霸”们肯定都有自己的作息时间表，既保证效率又保证休息。当然每个人的兴奋时间点不同，建议大家在最兴奋的时候攻克最难的科目。一定要保证睡眠，休息好了，效率才高。

10. 适当运动，保证身体健康

学习和运动不能分开，身体是革命的本钱。学习也要注意劳逸结合，适当运动能保证你身体健康，同时运动后的学习效率会提高很多。

三、老师总结

工欲善其事，必先利其器。要想把工作完成，做得更加完善，应该先把工具准备好，希望大家都能够做到“时为我用”，用心地爱惜时间，智慧地利用时间，提高学习效率，力求做到事半功倍，不虚度高中这一段青春岁月，做到无怨无悔!

教后记

在高中阶段，很多学生学习很努力，学得也很累，但学习效果很差，成绩也上不去。如何提高学生的学习效率成了大家关注的话题，因此，我们组织开展以提高学习效率为主题的班会，旨在对学生的学习有所启发。

学会沟通，让心靠近

谢衡辉

活动目的

（1）让学生感受并认同沟通与交流的重要性，反思自己在以往的沟通中所存在的问题，帮助学生乐于沟通。

（2）让学生学会有效沟通的多种方式与方法，向善于沟通转变。

活动准备

（1）对学生进行问卷和心理调查，了解学生在日常生活中存在的交流与沟通方面的困惑。

（2）准备相关视频资料。

活动过程

一、活动导入

同学们，当大家进入一个新班级，与同学第一次见面，有的同学很真诚、友好地主动伸出手和新同学握手，面带微笑，给人亲切温暖的感觉；有的同学不情不愿、被动地伸出手和新同学握手，拉着脸，面无表情，给人敷衍的感觉。同学们，你们喜欢和哪一类同学做朋友呢？

其实人与人之间的沟通，最忌讳的就是面无表情。用微笑、文明、真诚与他人沟通，会赢得友情、尊重和理解。步入高中，我们在慢慢长大，同学们的内心世界也开始敏感和丰富起来，渴望朋友间心与心的交流，渴望家长和老师的理解与信任。人与人之间最宝贵的是真诚、信任和尊重，其桥梁就是沟通。但是在生活中，你是否觉得自己无法与母亲真诚地交流？你是否觉得父亲的管教方式过于严厉？你是否觉得无法对老师吐露心声？你是否觉得与跟自己兴趣不同、成绩水平不同的同学无法沟通？在这次班会中，就让我们一起谈谈如何有效地进行沟通。

二、活动开始

（一）体验式活动：我说你画

活动道具：两张样图，每人一张白纸、一支笔。

（1）第一轮：

①请一名学生上台担任“传达者”，其余人员都作为“倾听者”，“传达者”看“样图一”两分钟，背对全体“倾听者”，下达画图指令。

②“倾听者”根据“传达者”的指令画出样图上的图形，“倾听者”不许提问。

③根据“倾听者”的图，“传达者”和“倾听者”谈自己的感受。

（2）第二轮：

①再请一名学生上台，看着“样图二”，面对“倾听者”传达画图指令，并允许“倾听者”不断提问，看看这一轮的结果如何。

②请“传达者”和“倾听者”谈自己的感受，并比较两轮过程与结果的差异。

（3）注意事项：

①第一轮与第二轮两张样图的基本构成图形一致，但位置关系有所区别。

②两轮中的“传达者”可以为同一人，也可以为不同的人。

③邀请“倾听者”谈感受时要选择有代表性的，如画得比较准确的和特别离谱的，这样便于分析出造成不同结果的多种因素，从而找到改进的主要原因。

（二）课件展示

根据同学们的分享，将有效沟通的方式和方法通过课件展示出来。

（三）观看“papi 酱”的视频《如果你的家长是这样的画风》

学生踊跃发言，谈谈他们看完视频的感受。

（四）真情告白

观看“papi 酱”的视频《致逝去的故人》。学生对家长深情表白，潸然泪下。

主持人：有没有未曾对父母说过的心里话？可以趁此机会与父母说说。（学生深情表白，与家长交流）

主持人：这个世界上所有的爱都以聚合为最终目的，只有一种爱以分离为目的，那就是父母对孩子的爱。父母真正成功的爱，就是让孩子尽早作为一个独立的个体分离出去。我们和父母之间是血脉相承的，所以如果有矛盾，让我们一起找个合适的时间、合适的地点，静下来聊聊，敞开心扉，互相沟通。

（五）古人关于人与人之间沟通的智慧

清代康熙、雍正年间，桐城的张廷玉在京城做官。其家人在桐城建相府时与邻居发生争执，彼此为三尺宅基地互不相让，官司打到了县衙。张家总管连忙送信给张廷玉，盼望他给县令写信通融。张廷玉见家书后，复诗一首寄回："千里求书为道墙，让他三尺有何妨。长城万里今犹在，谁见当年秦始皇?"总管接信后，深深领会到张廷玉和睦礼让、豁达明理的胸襟，立即让出三尺地。邻居看见张家退让三尺，也随即后退三尺，两家不仅化解了诉讼，还为过往行人留下了一条六尺宽的通行巷道，大大地方便了邻里乡亲。

（六）人与人之间的沟通技巧

（1）讲出来。尤其要坦白地讲出你内心的感受、感情、痛苦、想法和期望，但绝对不要批评、责备、抱怨、攻击。

（2）不批评、不责备、不抱怨、不攻击、不说教，批评、责备、抱怨、攻击等都是沟通的刽子手，只会使事情恶化。

（3）互相尊重。给予对方尊重是沟通的基础，若对方不尊重你，你也要适当地请求对方的尊重，否则很难沟通。

（4）绝不口出恶言。恶言伤人，就是所谓的"祸从口出"。

（5）不说不该说的话。如果说了不该说的话，往往要花费极大的代价来弥补，正是所谓的"一言既出，驷马难追""病从口入，祸从口出"，甚至还可能造成无法弥补的终生遗憾。所以沟通不能够信口雌黄、口无遮拦。但是完全不说话，有时也会使事情变得更恶劣。

（6）生气时不要沟通，尤其不要做决定。生气中的沟通常常无好话，既理不清，也讲不明；而且很容易冲动而失去理性，容易让事情不可挽回，令人后悔。

（7）理性地沟通，不理性时不要沟通。

（8）觉知。不只是沟通才需要觉知，一切都需要。如果自己说错了话、做错了事，不想造成无可弥补的伤害时，最好的办法是什么？"我错了"就是一种觉知。

（9）承认"我错了"。这是沟通的消毒剂，可解冻、改善与转化沟通的问题。就一句"我错了"，勾销了多少人的新仇旧恨，解开了多少人心中多年打不开的死结，让人豁然开朗，放下武器，重新面对自己，开始重新思考人生。

（10）说"对不起"。这不代表自己真的犯了天大的错误或做了伤天害理的事，而是一种软化剂，使事情终有"转圜"的余地。

三、老师总结

大文豪列夫·托尔斯泰曾说过，与人交谈一次，往往比多年闭门劳作更能启发心智。思想必定是在与人交往中产生的。海明威也曾说过，每一个人都需要有人和他开诚布公地谈心。总而言之，沟通的作用不可忽视。良好的沟通是人与人之间交流的基础，是维系情感的纽带，但愿大家有话都能够好好地沟通。

教后记

沟通是每个人天生的心理渴求。每个人都希望有尊严地活着，每个人都渴望被理解和尊重。青少年时期，心智变化剧烈，人格逐渐形成，每个人都是社会中一个独立的个体，而每个人又都离不开团体，所以难免与同学、父母有摩擦。本次班会的主旨在于使学生之间以及学生与父母之间能好好沟通，懂得如何沟通，及时化解矛盾。

尊重他人，尊重自己

张　鑫

活动目的

（1）使学生懂得尊重别人是做人的美德，只要你尊重别人一分，别人就会尊重你十分。

（2）使学生能在家里、学校里、社会上养成良好的行为习惯，初步树立社会责任感。

活动准备

（1）开班会前，班级开展一系列教育活动作为班会的前期铺垫；搜集有关尊重的故事等资料；准备班会课件。

（2）准备关于学生礼仪的音像、文字材料。

活动过程

一、活动导入

全班同学齐唱歌曲《相逢是首歌》，伴着余音，主持人登场。

主持人：古人云："我敬人一尺，人敬我一丈。"孟子曾说："人必自侮然后人侮之，家必自毁然后人毁之，国必自伐然后人伐之。"孟子还说过："爱人者，人恒爱之；敬人者，人恒敬之。"一个人在与别人交往中如果能很好地理解别人、尊重别人，那么他一定会得到别人百倍的理解和尊重。“己所不欲，勿施于人”，即自己不想做的事或者不希望发生的事，不要强加到别人身上。推己及人，做人做事都要站在别人的角度想一想，我相信在尊重父母、尊重老师方面，大多数同学都做得很好，但是有少数同学往往忽略了人与人之间最基本的尊重，同学们都希望得到他人的尊重，这节课我们就以“尊重他人，尊重自己”为主题开展班会。

二、活动开始

（一）配乐诗朗诵

尊重是一种态度，它将影响我们的人生；
尊重是一种品格，它将给予他人以温暖；
尊重是一种习惯，它让我们的生活更加温馨；
尊重是一种信仰，它让我们的世界更加和谐。
当你徘徊在情绪的低谷，朋友真诚的帮助支持着你，那是尊重。
当你遭遇到人生的挫折，老师温暖的双手紧握着你，那是尊重。
当你捡起马路上的垃圾，路人赞许的微笑感染着你，那是尊重。
当你懊悔曾经的过失，父母的宽厚与理解包容着你，那是尊重。
尊重是一种美德，被人尊重则是一种幸福。我们不仅要懂得尊重自己，还要学会去尊重他人。

（二）尊重父母，尊重长辈

主持人：亲情是一个人善心、爱心和良心的综合表现。孝敬父母、尊敬长辈，是做人的本分，是天经地义的美德，也是各种品德形成的前提，因而历来受到人们的称赞。试想，如果一个人连孝敬父母、报答父母的养育之恩都做不到，又有谁愿意和他打交道呢？下面请看一则历史故事。

子路，春秋末期鲁国人。在孔子的弟子中以政事著称，尤以勇敢闻名。但子路小时候家里很穷，长年靠吃粗粮野菜度日。有一次，年老的父母想吃米饭，可是家里一点米也没有，怎么办？子路想：要是翻过几座山到亲戚家借点米，不就可以满足父母的这点要求了吗？于是，小小的子路翻山越岭走了十几里路，从亲戚家背回了一小袋米，看到父母吃上了香喷喷的米饭，子路忘记了疲劳。邻居们都夸子路是一个勇敢孝顺的好孩子。

主持人：看完这个小故事，同学们觉得在生活中我们应该怎样对待我们的父母和兄弟姐妹？（学生自由发言）

主持人：现在大多数同学是独生子女，没有兄弟姐妹，是父母唯一的孩子，在现实生活中，是不是存在很多因为一些小事和父母闹别扭、顶撞父母、不尊重父母的现象呢？（学生自由发言）

主持人：孝敬父母，不但要很好地履行对父母应尽的赡养义务，而且要尽心尽力满足父母在精神生活、情感方面的需求。特别对年迈的父母，更要精心照顾、耐心安慰，他们在感情上最渴望的是能与所有的亲人团聚。有首歌唱道："常回家看看，回家看看，哪怕给爸爸捶捶后背揉揉肩，老人不图儿女为家做多大贡献，一辈子总操心就问个平平安安！"所以将来不管我们走到哪里，都要记着爸爸、妈妈，而且更要趁现在在他们身边的时候，多孝敬他们。

（三）尊敬老师，尊重同学

主持人：尊敬老师，是我们中华民族的传统美德。煌煌史书，有许多关于尊师重教的记载；列列青卷，更有数不清的尊师传说。《吕氏春秋》中有"疾学在于尊师"，其意思是要很快学到知识，重要的是尊敬老师。下面我们来看几个关于尊师的故事。（学生观看视频）

主持人：作为学生，尊敬师长是最基本的品德，现在请大家谈一谈从小到大最让你印象深刻的一位老师。谈一谈你是如何尊敬老师的。（学生自由发言）

主持人：语言是行动的向导，行动是语言的实践，我们应该做到：见到老师和长辈应该主动问好；交谈时，语气要温和，语调要平稳；说话时不要指手画脚。另外，行动上我们应该首先尊重老师的劳动，好好学习，认真完成作业，这些都是我们尊敬老师的表现。

（四）尊重各行各业的人

主持人：社会是一个大家庭，在这个大家庭中，人与人之间相互尊重，才会构建出和谐与美好。（请学生讲故事）

故事发生在俄国。一次，一位作家在街上散步，一个乞丐向作家乞讨，作家对乞丐说："对不起，兄弟，我今天忘带钱和吃的了。"乞丐说："你已经给我比钱和食物更重要的东西了。"作家问："为什么？"乞丐说："我本来想吃点东西就去自杀，结果你叫我兄弟，给了我活下去的信心。"

在美国，一个颇有名望的富商在散步时，遇到一个瘦弱的摆地摊卖旧书的年轻人，他缩着身子在寒风中啃着发霉的面包。富商怜悯地将 8 美元塞到年轻人手中，头也不回地走了。没走多远，富商忽又返回，从地摊上捡了两本旧书，并说："对不起，我忘了取书。其实，您和我一样也是商人！"两年后，富商应邀参加一个慈善募捐会，一位年轻书商紧握着他的手，感激地说："我一直以为我这一生只有摆摊乞讨的命运，直到你亲口对我说，我和你一样都是商人，这才使我树立了自尊和自信，从而创造了今天的成绩。”不难想象，没有那一句尊重鼓励的话，这位富商当初即使给年轻人再多的钱，年轻人也不会出现人生的巨变，这就是尊重的力量啊！

主持人：每个人都有自尊，别人可能就会因你而有所改变，你看他是宝贵的，他就是宝贵的。一份尊重和爱心，常会产生意想不到的善果，所以同学们，不妨用心去看待这个世界，用心地去尊重每一个人及自己，你将会发现自己及周围的人都有着无穷的潜力。“我”给予年老乞丐的只不过是同情而已，却让他感动不已，原因就在于“我”把他看作人格平等的兄弟。一个丧失了物质依靠的人，精神世界并没有崩溃，他同样渴求人们的尊重，这的确能给我们很多启示。

（五）尊重自己

主持人：请同学们讨论“把尊重自己与尊重他人结合起来，就会散发出高贵的气质”这句话的含义。（学生自由发言）

主持人：接下来再请几位同学给大家表演。

“照镜子”表演。一个同学做友好地笑、挑衅、生气皱眉、大喊大叫等表情，另一位同学则假设是镜中的影像，尽力逼真地模仿出来。

主持人：镜子里的人的态度说明了什么？（学生自由发言）

同学们，今天我们学习了很多有关尊重的知识。作为高中生，我们要学会尊重，只有会尊重别人，真心懂得尊重别人，才能赢得别人的尊重。我希望通过此次班会活动，大家能养成尊重他人、尊重自己的良好品质，养成时时处处多为他人着想的行为习惯，在以后的学习与生活中我们班的同学能够互帮互助、和睦相处，真正做到互相尊重。

三、老师总结

亲爱的同学们，尊重他人就是尊重自己，一个集体往往就靠这种相互的尊重维系着成员之间的和谐与默契。尊重是一缕春风，它可以驱除寒冷，带来花草的芬芳；尊重是一把火炬，它可以照亮黑夜，给人前进的勇气。同学们，让我们学会尊重吧！如果人人都学会尊重，那么我们班、我们的校园、我们的世界就会变得美好与和谐。总之，一个真心懂得尊重别人的人，一定能赢得别人的尊重。

教后记

中国是一个传统的礼仪之邦。从小我们就受“尊老爱幼”思想的熏陶，而在当今的青少年学生中，学生身心日益成熟，个体意识也逐步增强。当学生过多地关注自我时，往往有意无意地忽视他人的感受甚至忽视他人的存在。容易出现以下现象：在学校里，不尊重他人，不礼让，不讲礼貌；在社会上不懂怎样称呼他人，甚至随心所欲，满口粗言秽语；在家里不懂孝敬长辈，唯我独尊，为所欲为。本次班会旨在通过一种温馨的话题探讨的方式，引导学生意识到尊重他人就是在传递温暖，尊重他人就是尊重自己。

让勤俭节约成为一种美德

夏礼财

活动目的

（1）使学生意识到身边浪费现象的严重性，养成勤俭节约的好习惯。

（2）号召全体学生参与到建设“节约型校园”的活动中来。

活动准备

（1）做好勤俭节约的宣传，收集生活中一些关于铺张浪费的资料图。

（2）把全班同学分成六个活动组，选好组长；编写剧本、排演话剧。

活动过程

一、活动导入

创设情景，制造氛围。

在课件上展示出身边令人痛心的浪费现象。

饭后，学校食堂的饭桌上、垃圾桶里，白花花的米饭、大堆大堆的剩菜随处可见。学生挑食剩下的尽是肉片，甚至整块红烧肉只咬了一小口就被扔了，鱼也只吃了半条就被“无情抛弃”。几乎每顿饭后，就餐的学生们都能“制造”出几大桶剩菜剩饭。除此之外，还有洗手间的水龙头不关、白天教室亮着灯等。在国家出现能源危机的情况下，我们身边却出现形形色色的浪费现象。

二、活动开始

主持人：勤俭节约是我国的建国方针。最近习近平主席对新华社《网民呼吁遏制餐饮环节“舌尖上的浪费”》作出批示：厉行节约，反对浪费，要求我们在餐桌上推行“光盘行动”。

但是在生活中，你是否见过偌大的自习室电灯全开而里面空无一人？你是否看到过水龙头细水长流而路过的人却无动于衷？你是否在洗澡时让喷头的水白白地不断流走？你是否将大张大张的白纸白白扔掉？你是否……或许我们浪费了太多的生命之源——水；太多的能源之源——电；太多的绿色资源——纸张；太多的粒粒皆辛苦——粮食……那么，我们应该怎么办呢？从现在起，我们应该让勤俭节约成为自己的一种美德。

（一）活动竞赛，思维风暴——粒粒分分话节俭

把全班同学分成六个小组，分小组进行竞赛。

1. 竞赛一：粒粒皆辛苦——数米粒比赛

（1）每组分发 50 克米，全组同心协力数出数量。

（2）按数出来的最少的数目算，1 公斤大米有多少粒？如果全国 10 亿人口，每人每天节约一粒米，有多少公斤？

（3）一年可以节约多少公斤米？

总结："锄禾日当午，汗滴禾下土。谁知盘中餐，粒粒皆辛苦"，但是在我们日常生活中，浪费粮食的现象还是随处可见。"俭以养德"自古以来是中华民族的美德，吃多少盛多少，不偏食，不挑食，这样做既符合节约的要求，也有利于我们身体的健康。

2. 竞赛二：争分夺秒——一分钟可以做多少件事

（1）每组同学轮流说出一分钟的用途，不能重复，三分钟内说得越多越好。

（2）主持人总结：通过这个游戏，我们开了眼界，原来一分钟可以做如此多的事情，我们懂得了一分钟的宝贵。因此，我们必须抓紧每一分钟，不能让时间从我们的身边溜走。我们的倡议是让老师放心一分钟，让妈妈多休息一分钟，上课听讲不浪费一分钟，做习题抓紧一分钟，把多余的时间用来多为他人服务一分钟。

（二）作品展示，升华主题——原来节俭可以这样

1. 表演话剧《"名牌"大比拼》

主持人：勤俭节约是中华民族的优良传统，不仅在艰难岁月时需要，在经济得到极大发展的今天，我们同样需要推行节约。

2. 废品、废物设计与展览

（1）各组员通过查阅相关资料，利用身边的废品或搁置已久的物品，加上自己丰富的想象力，创造废物工艺品或日用品。

（2）班会上在课室中间摆放四张桌子，展示制作成果，制作者简单介绍作品，由老师和家长评选出最具创意奖、最实用奖。

（3）获奖的制作人发表感受。

（4）小组成员共同号召同学们发扬勤俭节约的作风，合理利用资源、循环再用资源，为创建节约型的和谐家庭、和谐校园、和谐社会而努力。

（三）签名践行，知行结合

向全班同学发起“厉行节约，反对浪费”倡议书。

各位同学：

“历览前贤国与家，成由勤俭败由奢”，要正确理解厉行节约的重要意义，形成“节约光荣、浪费可耻”的文化氛围，使勤俭节约成为我们的自觉行动和习惯，自觉落实节约行动，把节俭行为落实到每个人的日常工作和生活中，体现在每个人的具体行为和细节小事上。要从我做起、从现在做起，从一点一滴做起，树立节约资源的意识，遏制浪费陋习。

第一，节约用电。在日常工作和生活中，要做到随手关闭电灯、电脑、电视、空调、饮水机等电器设备。

第二，节约用水。合理使用水资源，严防跑、冒、滴、漏的现象发生，杜绝“长流水”。

第三，节约用纸。提倡双面用纸，充分利用网络资源，用电子贺卡、电子邮件等代替纸张。

第四，节约粮食。提倡合理消费、合理饮食，节约每一滴油、一粒米。

“一粥一饭，当思来处不易；半丝半缕，恒念物力维艰。”节约是一种美德、一种远见、一种态度，也是一种智慧，更是一种责任，为了美好的明天，让我们每一个人都成为节约理念的传播者，成为文明生活的倡导者。

三、老师总结

只要我们做到不浪费一张纸，节约一支笔、一滴水、一度电，利用一切可以利用的资源，就等于为国家创造了许多财富。“历览前贤国与家，成由勤俭败由奢”，只要我们从小事做起，从自身做起，相信节约的行动一定会在我们的校园里成为一种校园风尚。我们坚信，“节约型校园”一定会在我们手中建成！

教后记

在学校的食堂，几乎每顿饭后，就餐的学生们都能“制造”出几大桶剩菜剩饭。针对生活中的铺张浪费现象开展本次班会活动，使学生懂得勤俭节约的重要性，懂得勤俭节约要从平时的一点一滴做起，从小养成勤俭节约的好习惯。

宽以待人，轻松生活

李　维

活动目的

（1）使学生认识到宽容在同学们相处过程中的重要性。

（2）培养学生学会以宽容、谦和的态度与人相处，学会理解、体谅他人，学会与同学和睦相处。

活动准备

（1）准备牙签、气球、测试题等。

（2）设计问卷调查表。

活动过程

一、活动导入

主持人：待人宽厚是中华民族的传统美德，这就是人们常说的“宰相肚里能撑船”。它告诉我们宽厚待人的人受人敬仰，同时也告诉我们宽厚待人是中华民族的传统美德，我们青少年要继承和发扬。宽厚的人能与他人建立宽松、和谐、亲密的关系；宽厚的人能增进朋友之间的友情、能融洽家庭和谐的亲密关系、能创建宽松的人际环境。正所谓“量小失众友，度大集群朋”。而一个肚量小的人会失去很多朋友。同学们，给别人一次宽容、关怀、体贴、谅解，你就多开一扇心窗，拥有一份温情；一句温暖的话语，足以温暖一个漫长的冬季；一缕深情的目光，足够使颓丧者重新升起希望的太阳。生活中你对他人充满善良与温情，你的心灵也会得到一次圣洁的净化。

二、活动开始

（一）游戏“你吹我爆”

（1）要求：两人一组，一位同学吹气球，另一位同学拿牙签在鼓起的气球上扎洞，但是不得发出爆破声。

（2）操作：每组派两位同学上讲台来比赛，看哪组同学在最短的时间里完成任务（四个气球）。气球一旦爆破就失败。

（3）思考：牙签扎在气球的哪个部位不易爆炸，扎在哪个部位容易爆炸？为什么呢？

（4）主持人小结，引出主题。

主持人：气球最薄的地方，张力大，好比人最不足的地方敏感、脆弱。其实，我们人与人之间的交往就像气球和牙签之间的接触，如果老是针尖对麦芒，那结果只会是两败俱伤。

（二）宽容的故事

卢梭宽容的故事

一个22岁的年轻人在订婚大喜那天，他的女朋友却牵着另一位年轻小伙子的手对他说："对不起，我觉得，我们在一起不会幸福。"原本正沉浸在幸福中的他顿时呆若木鸡，在亲戚朋友诧异的目光中真想找个地缝钻进去。很快，整个小镇都知道了他的事，年轻人决定逃离这个让他觉得生活在羞辱中的小镇。他发誓将来一定要风风光光地回到家乡，找回自己丢失的尊严。

果然，30年后，他已经成为伟大的文学家和思想家。他的著作《忏悔录》《社会契约论》《爱弥儿》在欧洲引起了巨大的反响，他的名字——卢梭，享誉欧洲。

在回到家乡的第二天，有位老朋友问他："你还记得艾丽尔吗？"卢梭笑着说："当然记得，她差一点做了我的新娘。""当初她带给了你莫大的羞辱，自己也没有好下场，这些年来，一直生活在贫困潦倒之中，靠着亲戚们的救济艰难度日。上帝惩罚了她对你的背叛。"朋友对卢梭说。

朋友本以为卢梭听到当初背叛自己的人落个悲惨下场后会感到高兴，然而卢梭却对他说："我很难过，上帝不应该惩罚她。我这里有一些钱，请你转交给她，不要告诉她是我给的，以免她以为我在羞辱她而拒绝。""你真的对艾丽尔没有丝毫的怨恨吗？当初，她可是让你丢尽了脸。"朋友用质疑的语气问。

"如果有怨恨，那也是30年以前的事，如果这些年我一直对她怀有怨恨，那我自己岂不是在怨恨中生活了30年，那对我有什么好处呢？就像我提着一袋死老鼠去见你，那一路上闻着臭味的岂不是我自己？"

卢梭的事例告诉我们：宽容他人就是善待自己。曼德拉曾说："当我走出囚室、迈过通往自由的监狱大门时，我已经清楚，自己若不能把悲痛与怨恨留在身后，那么我其实仍在狱中。"放下自己的仇恨，才能开心地生活，原谅他人，原谅自己。

（三）知根知底求进步

宽容度测试：请对下列问题做出"是"或"否"的选择。

（1）有很多人总是故意跟我过不去。

（2）碰到熟人我向他打招呼时，他视而不见最令我难堪。

（3）我讨厌和沉默寡言的人一起工作。

（4）有的人哗众取宠，说些浅薄无聊的笑话居然也能博得喝彩，我听到和看到都很生气。

（5）和目中无人的人一起相处真是一种痛苦。

（6）生活中充满庸俗趣味的人不少，我很厌烦。

（7）有很多人自己不怎么样却总是嘲笑别人。

（8）我不能理解为什么自以为是的人也能得到赏识。

（9）有的人笨头笨脑，反应迟钝，真让人窝火。

（10）我不能忍受上课时老师为照顾差生而把讲课的速度放慢。

（11）和事事争强好胜的人待在一起使我感到紧张。

（12）我不喜欢独断专行的人。

（13）有不少人明知方法不对，还非要别人按照他的意见行事。

（14）有的人成天牢骚满腹，我认为这种处境全是他们自己造成的。

（15）和怨天尤人的人打交道能使自己的生活变得灰暗。

（16）有不少人总喜欢对别人百般挑剔，而不顾别人的情绪。

（17）当我辛辛苦苦做完一件事情却得不到认可和赏识时，我就会大发雷霆。

（18）有些蛮横无礼的人常常事事畅通无阻，这真令我看不惯。

评价标准：“是”得 1 分，“否”得 0 分，最后分数相加。

①13 ~ 18 分，说明你需要在生活中加强灵活性，培养宽容心。

②7 ~ 12 分，说明是常人心态，尽管时时碰到难相处的人，但尚能宽容。

③0 ~ 6 分，说明外界事物很难左右你的心态。

主持人：从以上环节的交流中，我们每个人都明白了自己是不是一个宽容的人，在以后的生活学习中，我们应该怎样做呢？

（四）献计献策学宽容

（1）息怒。林则徐有一个座右铭，叫“制怒”。他之所以用“制怒”来警策自己，是他在几十年官宦生涯中得出的教训。

（2）志存高远。志向越是远大，心胸就越会开阔，古人有云：“要看银山拍天浪，开窗放入大江来。”

（3）心理互换。将心比心，设想一下当自己无意触犯伤害了别人时，设身处地为别人着想，就不会出现对别人过于苛刻的言语和行为。

（4）充实自我，开阔眼界。一个人的气度与其知识修养有关。一般说来，知识修养差的人容易心理偏狭，遇事想不开。

（五）借电波传情

（1）操作：主持人担当《此时我宽容》广播栏目的主持人。同学们作为听众，当举手示意时，表示拨打进栏目的热线，可以讲述自己在与同伴或长辈的交往中所遇到的摩擦，借助电波主动握手言和或宽容他人。

（2）播放栏目宣传语：在人与人的交往中，总免不了各种各样的摩擦，如果你曾只看到别人的缺点而做出了伤害他人心灵的事，你愿意用缩小镜将他的缺点缩小吗？如果别人曾误会你，你愿意主动跟他握手言和吗？《此时我宽容》栏目将给大家提供这样的机会。欢迎你们拨打栏目的热线，期待你们的声音！（整个节目中播放轻音乐《莫斯科郊外的晚上》）

（3）请举手的学生上讲台，在话筒前讲述自己要宽容的人以及两人曾经发生的故事，栏目主持人做适当的引导。

主持人总结：谢谢各位听众的来电。莎士比亚在名剧《威尼斯商人》中有一段台词是这样写的："宽容就像天上的细雨滋润着大地，它赐福于宽容的人，也赐福于被宽容的人。"希望大家有一颗宽容的心，用宽容的心态面对每一件不顺心的事，相信大家的生活会更加快乐！

三、老师总结

教育学家苏霍姆林斯基说过："有时宽容引起的道德震动比惩罚更强烈。"我们对他人的过失的宽容，绝不是姑息放纵，而是对他的理解、尊重，给予反思的支持和改过的机会。希望通过这次班会，大家开始懂得宽容是一种修养，是一种品质，更是一种美德。让我们学会宽容，拥有和谐的人际关系和真挚的友情，快乐地生活。

教后记

学生在集体生活中，常常会遇到人际关系危机，让本来快乐的生活变得压抑，让本来充实的学习也被阴云笼罩，最根本的原因是缺少宽容。这次班会主要由学生完成，互动效果较好，整体效果也较理想。

梦想·大学

梁超均

活动目的

（1）通过本次班会，让学生体会大学的美好和梦想的重要性，树立要考上大学的目标，鼓励他们追逐梦想、期望美好生活。

（2）通过看视频、阅读材料、知识问答、图片展示等系列活动，让学生懂得梦想与成功的关系，给自己期许一所大学，并写下实现梦想的计划。

活动准备

（1）搜集名人资料、名言警句。

（2）准备北京大学微电影《星空日记》的视频。

活动过程

一、活动导入

主持人：每个人都有梦想，到底什么是梦想？梦想到底有多重要？如何才能实现梦想？今天我们就来探讨一下。

二、活动开始

（一）引入主题

同学们正值朝气蓬勃的年纪，对未来充满了憧憬和想象，总会做一些大大小小、漫无边际的梦。而对于你们来说，现阶段的梦想就是考大学，这个梦想就成为理想，是一个你们要为之付出努力的理想。

（1）观看微电影《星空日记》。（观看别人是怎样实现梦想的）

（2）剖析微电影中的经典语句。（主持人引导同学重温内容）

我们会拿什么来定义一个人，是他所处的位置？不是，是他前进的方向。

如果梦想是一件衣服，那天文学是我穿不起的牌子。

我一直在逼自己长大，逼自己走正确的路。

不是现实支撑了梦想，而是梦想支撑了你的现实。

别喜欢那些不该你得的东西。

如果人只能活一次，就让梦想比现实高那么一点吧！

别人对我说过一千次“别做梦了”，可老师对我说：“梦，才是最真的现实。”

（3）学生发表观后感。（老师可以自己先讲，带动气氛）

老师：梦想很重要，一个人有了梦想，生活就有了动力，变得更加有意义。打个比方，如果你们认为这次段考的成绩不理想，那么就给自己设下一个梦想，也就是目标，告诉自己下次段考一定要达到多少分。那么在下次段考前的这段时间里，你每天都会充满干劲，每天都渴望学到新的知识。不要害怕自己定的目标太高，最后就算没有达到目标，但也算进步了。反过来，如果一个人连做梦的机会都不想要，每天得过且过、碌碌无为，那就是在浪费生命了。

（4）谈谈“我”最理想的大学。（学生畅所欲言）

老师：同学们既然有了理想的大学，就要付出努力，好好学习，而不是纸上谈兵。什么是梦想？梦想是人类对美好事物的一种憧憬和渴望，有时梦想是不切实际的，但毫无疑问，梦想是人类最天真、最无邪、最美丽、最可爱的愿望。梦想到底有多重要？让我们看看名人们（周星驰、奥普拉和马云）怎么说。（放视频、文字资料）

（二）关于梦想的知识问答

（展示完后）主持人：看来在成功人士的眼中，梦想是成功必不可少的因素。梦想与成功到底有什么关系？下面我们做个知识问答。

（1）有位少年在青年时代就树立了精忠报国、献身革命的志向。他在读中学时，同学称他“身无分文，心忧天下”。1914 年他在长沙第一师范读书时，全部的生活费用只有几块大洋，而他将三分之一花在订报纸上。他与同学“三不谈”：不谈金钱、不谈身边琐事、在校期间不谈恋爱。他认为改造世界对学问知识的需要太迫切了，一定要珍惜宝贵的青春，把时间和精力花在有价值的事情上。请问这位少年是谁？（学生回答）

（2）20 世纪初在沈阳一所小学中，校长问同学们：“你们为什么读书？”课堂上顿时寂静无声。停了片刻，一个学生站起来回答：“读书为了寻求生路。”另一个学生说：“为了光宗耀祖。”这时，一个学生站起来，昂首挺胸地说：“为了中华之崛起，腾飞于世界而读书！”当时这位少年年仅 12 岁。请问这位少年是谁？（学生回答）

（3）“哥赫巴德猜想”一直被看作数学王冠上的明珠，200 多年来，有不少科学家试图攻克它，并因此耗费了巨大的精力，却始终没有成功。有位中国少年暗暗立志要摘取这颗明珠，他把它当作自己的事业和理想，他拼命积累知识、奋力演算难题，草稿纸算了一袋又一袋，最后终于用自己智慧和理想的合力，移动了数学群山，摘取了数学王冠上的这一璀璨的明珠，发明了以他姓氏为名的定理。请问这位少年是谁？（学生回答）

（三）关于梦想目标的威力

哈佛大学有一个关于目标对人生影响的跟踪调查。调查对象是一群智力、学历、环境等各方面都差不多的人。调查结果发现：27% 的人没有目标；60% 的人有较模糊的目标；10% 的人有清晰而短期的目标；只有 3% 的人有清晰而长期的目标。25 年的跟踪结果显示：3% 的人 25 年来都不曾更改过目标，他们朝着目标不懈努力，25 年后他们几乎都成为社会各界的顶尖人士；10% 的人生活在社会的中上层，短期的目标不断地被达成，生活状态稳步上升；60% 的人几乎都生活在社会的中下层，他们能够安稳地生活与工作，但似乎都没什么特别的成就；27% 的人几乎都生活在社会的最底层，25 年来生活过得不如意，常常失业，靠社会救济，并常常报怨他人、报怨社会。

目标对人生有着巨大的导向性作用。成功在一开始，仅仅就是一个选择。你选择什么样的目标，就会有什么样的成就、什么样的人生。

目标的威力有以下六个方面：①目标可以给人的行为设定明确的方向。②知道什么是重要的，合理安排时间。③目标促使人未雨绸缪，把握今天。④使人能清晰地评估自己每个行为的进展。⑤把重点从工作本身转移到工作的成果上来。⑥产生持续的信心、热情与行动力。

许多人都会有很清楚的目标，可是为什么有的人能够达成，而有的人总是无法达成？

（四）梦想中的大学

主持人：我们应该努力寻找自己的梦想！考入一所令自己满意的大学，可以说是我们高中阶段最重要的目标。那么同学们，你们心中是否已经有了自己心仪的大学呢？让我们一起来认识一下我国著名的高等学府吧！

通过视频展示北京大学、清华大学、武汉大学、中山大学、华南理工大学的美丽校园风景；再看看广东大学排名、全国大学排名、中国学生最向往的国外大学排名。（展示数据资料）

主持人：再看看大学生活。（展示图片资料）大学生活如此美好，哪一所是你的理想大学？下面请同学们写下自己理想的大学，并且要经常在脑海中想象你达成目标时的情景，情景越生动逼真，你越能体验到成功的喜悦，这就越能激发你追求成功的欲望。

（五）如何实现大学梦

主持人：坚持、努力、勤奋是实现梦想的秘诀。马云说过，今天很残酷，明天更残酷，后天很美好，但是绝大多数人死在明天晚上，见不着后天的太阳。苏格拉底也说，世界上最快乐的事，莫过于为理想而奋斗。

1．快速达成任何目标的成功配方

（1）确立你主要的人生目标。

所谓主要的人生目标，应该是一个你终生所追求的固定目标，你生活中的一切事情都围绕着它而存在。为了找到或找回你人生主要的目标，你可以问自己几个问题，如“我是谁”“我想在我的一生中成就何种事业”“临终之时回顾往事，一生中最让我感到满足的是什么”“在我的日常生活中，哪一类成功最使我有成就感”。也许你很快就可以知道你的终极目标是什么，每一次向自己提出这样的问题的时候，随意地记下你的所得，开始的时候，它们可能没有什么意义，但是多次的累积会让你茅塞顿开。

（2）着手准备实现这项目标。

学生可以问自己：“我的学习生活正在帮助我实现人生的最终目标吗？”如果答案是否定的，那就应当得其学习其他知识或者换种学习方式。倘若更换学校是不现实的，学生可再进一步问自己：“是否有一种途径可以让我现有的学习生活与我的人生基本目标一致？”对于第二个问题，答案常常是肯定的。

（3）考虑计划中的具体细节。

需要有一个详细的个人学业发展计划。这个计划可以是一个三年计划，也可以是一学期的计划。不管是属于何种时间范围的计划，它至少应该能够回答如下问题：

一学期内，实现什么样的目标？

一学期内，有什么样的学习方式？

如何去达成目标？

假如你现在是一个学习成绩中等的学生，你的未来三年计划要求你成为一个优秀的学生。那么，怎样才有可能达成你的目标呢？如果你能够回答好如下各项问题，那么你就知道自己该怎样做了。这些问题是：

哪些科目的训练能使我成为一名优秀的学生？

我该扩展哪些领域的知识？

需要排除哪些人际关系上的障碍？

老师在这方面能给我提供多大的帮助？

我最终成为优秀学生的可能性有多大？

优秀学生的标准有哪些？

2．修正目标的基本法则

（1）修正计划，而不是修正目标。

（2）修正目标的达成时间。

(3)修正目标的量。

(4)放弃目标。

(5)永远只重复修正法则。

(六)把梦想唱响

主持人：我们对大学有着太多的期待与渴望，有着我们热切的寄托与梦想，这一切都要通过我们坚实的努力来实现。我们要大声地唱出“我的未来不是梦”！

三、老师总结

亲爱的同学们，梦想是一颗最有生命力的种子。作为高中生，我们应该在心里播下这颗种子，它会在我们的精神世界里生根、开花、结果，那么我们的社会就会更美好！希望通过这次活动，我们能真正理解梦想的重要性，找到自己的梦想，并为之努力，为之奋斗。高中很短，同学们加油！

教后记

现代社会中电子产品太多，读书的功利性愈发明显，不少在校学生觉得读书无用，失去了学习的目标，终日沉迷于网络、游戏，甚至因此失去人生的目标。高中三年，无所事事，得过且过，失去了青少年应有的目标与朝气，不懂得肩负起身上的责任，让父母终日忧心忡忡。鉴于此，我们有必要重新讲述梦想的重要性，让更多的同学重拾梦想、重拾信心，做一个有梦想、有担当，懂得为梦想去坚持、去奋斗的好学生。

认识自我，战胜自我

陈 慧

活动目的

(1)让学生更好地认识自我存在、发掘自我潜能、树立自我信心，为未来的发展打下良好的心理基础。

(2)让学生充分地认识自己，克服自傲、自卑、自负的心理，在认识自我的基础上挑战自我，战胜自卑，做最好的自己。

活动准备

（1）动员学生踊跃参与，班干部在班里要积极宣传。

（2）将教室里的课桌围着教室四周的墙壁排放，教室中间空出场地。

活动过程

一、活动导入

在背景音乐声中，主持人宣布本次主题班会开始。

主持人：你认识自己吗？你知道自己的优点和缺点吗？你知道别人眼中的你是什么样子的吗？跟你认识的自己一样吗？你相信自己吗？你有自信心吗？你能发现自己的潜能并挑战自我吗？

二、活动开始

（一）初步了解“认识自我”

（1）请一位同学独唱歌曲《就是我》。

（2）请几位同学分别谈谈对“认识自我”的理解，主持人分析总结。

（3）主持人：老子说过“知人者智，自知者明”；古希腊哲学家苏格拉底也曾提出著名的命题“认识你自己”；古语云，“人贵有自知之明”，可见认识你自己是多么重要。通过以上环节，同学们初步了解了“认识自我”这个词。那么，你们认识自己吗？知道自己的优点和缺点吗？如果知道，你们如何扬长补短，去挑战自我？

（二）听他人讲故事，反思自己

学生讲述故事《求人莫如求己》。

求人莫如求己

你就是你自己的上帝，你的命运掌握在自己手中。很多时候并不是别人把你打败了，而是你打败了自己而已。自我激励能在你人生的前行道路中产生无穷的动力。一旦你拥有了自我激励的动力，你就在生命中插上了美丽的翅膀，它将带你展翅翱翔，创造属于你自己的人生辉煌。

欧·亨利在其小说《最后一片叶子》里讲了个故事：病房里，一个生命垂危的病人从房间里看见窗外有一棵树，随着秋天的来临，叶子一片一片地掉了下来。病人望着眼前的一片片落叶，身体也一天不如一天。她说：“当树叶全部凋落时，我的生命也会随着慢慢消失殆尽。”一位老画家得知后，用彩笔画了一片翠绿的树叶挂在树枝上。那片树叶始终没有掉下来。就因为生命中的这片绿，病人竟奇迹般地活了下来。所以，人生可以没有很多东西，唯独不能没有希望。

主持人：希望在人类生活中具有重要的价值，有希望之处，生命就充满激励，生生不息！每天给自己一个激励、一个正确的有希望的心理暗示，就是给自己一个目标、一点信心。我们将活出不一样的精彩，这样就没有时间去叹息去悲哀，将生命浪费在一些无聊的小事上。生命是有限的，但希望是无限的。希望大家从今天开始带着这份无限的希望相信自己，喜欢自己，充分认识自己，相信我们一定能够拥有一个丰富多彩的人生——遇见更好的自己！

学生讲述比尔·盖茨早年奋斗的故事（略）。

主持人：比尔·盖茨的故事告诉我们，当一个人非常清楚地了解自己之后，并很清楚自己的奋斗目标，为之奋斗和努力，克服困难，便会取得成功。中国台湾文人林清玄说："人生的缺憾，最大的就是和别人比较，和高人比较使我们自卑，和俗人比较使我们下流，与下人比较使我们骄满。外来的比较是我们心灵动荡不能自在的来源，也使得大部分人都迷失了自我，障蔽了自己心灵原有的氤氲馨香。"这就启示我们应该正确地认识自己，这对我们十分重要。

（三）用一张纸，写下自我欣赏的词语（缺点只写一句）

（1）学生发言：精力旺盛、热情、沉着冷静、遵守纪律、善于思考、有信心、大度、爽朗、谨慎、想象力丰富、独立、随机应变、诚实、乐于助人、合群、勤奋、认真、好幻想、孤独、爱表现、果断、勇有毅力等。

（2）学生将自我评价公布于众，让大家倾听与评价。

老师：通过刚才的活动，我感到十分高兴，大家有那么多的优点并且被其他同学认可，为大家感到骄傲！那现在请同学们谈一谈认识自己的优点有什么好处。

学生分析：能帮助我们树立自信；能帮助我们找到自尊与自信的支点；能获得更多的成功；能更好地发挥潜力。

（四）活动总结

主持人：同学们，今天我们学习了自我概念，了解了昨天的"我"，认识今天的"我"，更要追求明天的"我"。可以通过自我评价、他人评价、集体评价等途径认识自己，并且还要用发展的眼光来看待自己，不断实现自我完善。

三、老师总结

亲爱的同学们，中学是人生道路上的重要阶段，是多彩人生乐曲中一段优美激昂的旋律。希望了解自己是一个怎样的人，知道自我评价的重要性，学会客观地认识与评价自己的优点和缺点，悦纳自我，塑造自我，不断完善自我形象。让我们对自己提出更高的要求，谱写美丽的青春乐章！

教后记

高中生大多生活在顺境中，经历的人生挫折有限，承受挫折的能力也极为有限，因此，帮助高中生认识自我，提高其面对挫折的承受力，使他们日趋成熟，对他们进入社会而立于不败之地有着重要的意义。本次班会主要以交流探讨和用名人故事励志的形式进行，互动性较好，但内容挖掘还可以更加深入。

坚持·毅力·成功

郑　哲

活动目的

（1）端正学生的学习态度，鼓励学生学习，激发学生的学习兴趣。

（2）培养学生无论做什么事，都要有始有终、持之以恒、坚持到底，遇到失败和挫折不灰心、不气馁的精神。

活动准备

搜集关于坚持、毅力和成功的故事、视频与格言。

活动过程

一、活动导入

主持人：高二的同学们已经在实验中学学习了一年，刚刚进入校园的新鲜感渐渐消失，大家也慢慢意识到，高中生活已经过去了三分之一，自己再也不是高一年级的新生，对于高中阶段紧张的学习生活也已经适应了不少。许多同学刻苦拼搏了两个多月，希望能在期中考试中取得好成绩，但期中考试已经过去，同学们不要对成绩过于介怀，更重要的是总结经验教训，再创佳绩。本次班会的目的是引起大家对学习、纪律等问题的注意。现在成绩下来了，我看到有的同学很沮丧，觉得取得的成绩与自己理想中应得的分数差距太大。其实，学习是一个漫长而艰苦的过程，优异的学习成绩的取得本来就不可能立竿见影，困难是人人都会遇到的，只要有恒心、有毅力，想把自己的学习搞好，就一定会成功。老师送给大家一句箴言："坚持！拥有顽强的毅力！成功就在你我眼前！"

二、活动开始

（一）分享坚持、毅力与成功的格言和故事

1948 年牛津大学请丘吉尔到校做成功秘诀的讲座。丘吉尔说："我的成功秘诀有三个：一是决不放弃，二是决不决不放弃，三是决不决不决不放弃。"在最艰难的时刻，丘吉尔掷地有声地说："无论处境多么可怕，也要赢得胜利；无论道路多么遥远和艰难，也要赢得胜利。因为没有胜利，就不能生存。"

有一句话说得好："真正的失败只有一种，那就是放弃努力。"只要你不放弃努力，你就有机会成功。

有些事情人们之所以不肯去做，只是他们认为不可能。其实，只要努力去做，一切皆有可能。比如 2004 年奥运会中国网球女双选手李婷、孙甜甜，谁能想到她们会是这项比赛的金牌得主呢，甚至她们自己都认为会止步第一轮，可她们错了，一路过关斩将，终于让中华人民共和国国歌在这项赛事上、在雅典的古运动场上响起。她们用自己的努力拼搏，诠释了看似普通却蕴含深刻哲理的人生信条："只要做了，一切皆有可能。"

（二）学生读故事讨论，教师点评

一则为青年人而作的寓言

从前，有一位画家想画出一幅人人见了都喜欢的画。画毕，他拿到市场上去展出，画旁放了一支笔，并附上说明：每一位观赏者，如果认为此画有欠佳之笔，均可在画中做上记号。

晚上，画家取回了画，发现整张画涂满了记号——没有一笔一画不被指责。画家十分不快，对这次尝试深感失望。

画家决定换一种方式去试试，他又摹了一张同样的画拿到市场展出。可这一次，他要求每位观赏者将其最欣赏的妙笔都标上记号。当画家再取回画时，他发现画又被涂遍了记号——一切曾被指责的笔画，如今却都换上了赞美的标记。

老师：人在失意时换另一角度看问题，精神又会振作起来。

高处何处有

很久以前，在一个很远的地方，一位老酋长正病危。他找来村中最优秀的三个年轻人，对他们说："这是我要离开你们的时候了，我要你们为我做最后一件事，你们三个都是身强体壮而又智慧过人的好孩子，现在，请你们尽可能地去攀

登那座我们一向奉为神圣的大山。你们要尽可能爬到最高的地方，然后折回头来告诉我你们的见闻。”

三天后，第一个年轻人回来了，他笑生双靥、衣履光鲜，说：“酋长，我到达山顶了。我看到繁花夹道，流泉淙淙，鸟鸣嘤嘤，那地方真不坏啊！”

老酋长笑笑说：“孩子，那条路我当年也走过，你说的鸟语花香的地方不是山顶，而是山麓。你回去吧！”

一周以后，第二个年轻人也回来了，他神情疲倦、满脸风霜，说：“酋长，我到达山顶了。我看到高大肃穆的松树，我看到秃鹰盘旋，那是一个好地方。”

“可惜啊！孩子，那不是山顶，那是山腰。不过，也难为你了，你回去吧！”

一个月过去了，大家都开始为第三个年轻人的安危担心，他却一步一蹭、衣不蔽体地回来了。他发枯唇燥，说：“酋长，我终于到达山顶，但是，我该怎么说呢？那里只有高风悲旋，蓝天四垂。”“你难道在那里一无所见吗？难道连蝴蝶也没有一只吗？”“是的，酋长，高处一无所有，所能看到的，只有我自己。只有‘个人’被放在天地间的渺小感，只有想千古英雄的悲激心情。”

“孩子，你到的是真的山顶。按照我们的传统，天意要立你做新酋长，祝福你。”

真英雄何所遇？他遇到的是全身的伤痕，是孤单的长途，以及愈来愈真切的渺小感。

老师：学习贵在坚持，先苦后甜。

留一只眼睛

日本近代有位一流的剑客，叫宫本。一位叫柳生的年轻人一心想成为一流的剑客，就慕名前来拜宫本为师。他说：“师傅，根据我的资质，要练多久才能成为一流的剑客呢？”

宫本答道：“最少也要10年。”柳生说：“哇！10年太久了，假如我加倍地苦练，多久可以成为一流的剑客呢？”宫本答道：“那就要20年了。”柳生不解地问：“师傅，为什么我越努力练剑，成为一流剑客的时间反而越长呢？”

宫本答道：“要当一流剑客的先决条件，就是必须永远保持一只眼睛注视自己，不断地反省。现在你两只眼睛都看着“剑客”的招牌，哪里还有眼睛注视自己呢？”柳生听了，顿时开悟，以此为道，终成一代名剑客。

人生的成功之道就是不能两眼都紧盯着“成功”的招牌，你必须保留一只眼睛注视自己，注视脚下的路。

老师：人生的成功之道在于留一只眼睛看自己，看脚下的路，才能走好每一步。

（三）播放视频

1. 视频人物：麦当劳的创始者

三十多年前，麦当劳的创始者雷·克洛克（Ray Kroc）与世长辞，享年81岁。人们走进他设在总部的办公室，发现这是一个非常简朴的办公室，一桌、一椅、一部电话，而挂在墙上的那幅叫“坚持”的座右铭却非常醒目，其文写道：“在世界上，毅力是不可替代的才能。”

2. 视频人物：布兰顿·罗伊（Brandon Roy）

简介：生于1984年7月23日，得分后卫/小前锋（7号），身高1.98米，体重96公斤，效力于NBA开拓者球队。

（四）游戏互动——生死与共

（1）主持人挑选6对选手上台（一男一女为一对，男强壮，女瘦小），助手在每对选手面前的地上铺开一大张报纸。

（2）主持人讲解游戏规则，告知在报纸上坚持站立到最后的一对选手为第一，并与助手示范一次。

（3）各对选手站到报纸上，主持人计时，数10下，坚持不住者淘汰。

（4）助手把进入第二轮的各对选手面前的报纸撕掉一半，选手站上去，主持人计时，数10下，坚持不住者淘汰。

（5）助手把进入第三轮的各对选手面前的报纸再撕掉一半，选手站上去，主持人计时，数10下，坚持不住者淘汰，依此规则继续进行，直至产生最后一对坚持住的选手。

（6）主持人宣布获奖者，请老师颁奖。

（五）如何培养坚持的习惯和顽强的毅力

科学研究告诉我们，坚持一个行动，关键在头三天；如果能坚持21天以上，你就能形成一个习惯；如果坚持重复90天以上，你就会形成稳定的习惯；如果能坚持重复365天以上，你想改变这个习惯都很困难。

（1）循序渐进。不要一下子过分要求自己。比如，每天坚持增加半小时学习时间，而不是彻底放弃原先的爱好。

（2）在循序渐进的基础上获得成就感。看到自己的进步，建立自信。

（3）培养广泛的兴趣。要对事物有广泛的兴趣，这样你对学习也会有兴趣。一旦有了兴趣，就有了动力，坚持就不会那么难。

（4）如果退步了，那就调整。不要为退步而烦恼，忘记昨天，向明天看。

坚持是一件很难的事情，有时往往因为内在的惰性而坚持不下去。所以要摆脱这种惰性，要循序渐进，这不是一两天就能做到的。大家可以常常把自己的梦想写下来，随身携带，每每拿出来看就会感觉很有斗志。这就是利用梦想的刺激来使自己进步。如果你抵制不了外界的诱惑，显然你选择了让它控制你，你为什么不控制它？你应该坚信自己能做到，然后拿出行动来。常常反思自己为什么不可以做到某件事，如果有原因，就行动起来，排除这个原因；如果没有原因，就坚信自己可以做到。

（六）活动总结

主持人：能将一件小事坚持数年，那就是一种精神；能将一种平静的心态坚持下去，那就是一种境界；能将一个好习惯坚持下去，那就是一种品德；能将一种优势坚持下去，那就会使你永远立于不败之地。

坚持，就是将一种状态、一种心情、一种信念或一种精神坚持而不动摇地、坚定而不犹豫地、坚韧而不妥协地、坚毅而不屈服地进行到底。

三、老师总结

同学们，每个人都渴望成功，成功却不是那么轻易就能获得的，需要人付出艰辛的劳动，通过一次次尝试和探索而得。在追求的道路上，有的人浅尝辄止，遇到困难、挫折或失败就掉头离去，绝大部分错过成功的人缺少持之以恒的精神。那些最终取得成功的人都是在碰到挫折时，没有怀疑自己，更没有就此放弃，而是潜心分析失败的原因，重整旗鼓，再来一次！正是在这种锲而不舍的精神动力的支持下，他们最终得到了成功之神的垂青。冰心说过："成功的花儿，人们只惊于她现时的明艳，殊不知，她当初的芽儿，浸透了血和泪花。"没有坚持到底的信心，就只能徘徊于成功的门外。成功就像美艳的花，需要辛勤的培育，这是一个不断追求、坚持到底的过程。因此，决定命运的是选择，决定选择的是毅力，谁能持之以恒，谁就能笑到最后。

教后记

进入高二后，班里部分同学学习懒散，目标不明确，对早读和晚自习不上心，缺少恒心和毅力，缺少自信心，容易气馁和灰心，出现这种情况的主要原因可能有：第一，基础差，听不懂，学习兴趣不大，再加上班级学习氛围不浓，这对学习情绪等有一定的影响；第二，学习目标不太明确，学生对自己要求不高、不严格，就更容易导致他们自暴自弃，容易产生厌学心理，从而引起恶性循环，成绩越来越差。本次主题班会的开展，对学生有一定的启发作用，达到了预设的目标。

高三篇

责任·感恩

责任在肩，感恩在心

进入高三，步入成年，学子们左肩担未来之责任，右肩扛学业之压力，我们在高三系列主题班会设计中，将“责任”与“感恩”作为修身行动的主题词，意在激发学生强大心志，担当起个人之于未来、家庭、社会国家的责任。梁启超有言：“人生须知负责任的苦处，才能知道尽责任的乐趣。”一个人有了责任心，那么他会努力把每一件事做得完美。

我们生活在这个世界上，需要相互搀扶。常怀感恩之心，是自己以善的方式对别人之善的回报，是一个有道德和良心的人最自觉的行为。感恩父母，因为父母带给我们生命，为我们撑起一片明朗的天空；感恩老师，因为老师传授知识、点亮人生；感恩朋友，因为朋友带给我们真挚的友情，在生活、学习中给予我们真诚的关心和鼓舞。常怀感恩之心，会让我们的人生变得更加深厚，使我们的心胸更加宽广。

本篇采集了高三班主任的原创班会案例，希望对读者开展高三主题班会有所帮助。

易秀芳

把责任扛在肩上

彭　鑫

活动目的

（1）教育学生做事应有责任意识，勇于承担，做一个有责任心的人。

（2）让学生感受责任心的重要性，增强其责任意识，学会对自己、对他人、对集体负责。

活动准备

（1）观察身边同学做事负责与不负责的事例，排演成情景剧。

（2）在黑板上画一个心形，在心形中写上“责任”二字；同学们围成“U”形。

活动过程

一、活动导入

一个人有了责任心，就拥有了至高无上的灵魂；一个人有了责任心，在别人心中就如同一座高山，不可逾越，不可移动；一个人有了责任心，世界才更精彩、更迷人！我们应把责任扛在肩上，做一个有责任心的人。

二、活动开始

（一）听故事，体会责任

在大连，曾经有一位叫黄志全的公交车驾驶员，在一次行车途中突然心脏病发作，在生命的最后一分钟里，他做了三件事：把车缓缓地停在马路边，用生命的最后力气拉下了手动刹车闸；把车门打开，让乘客安全地下了车；将发动机关闭，确保了车和乘客、路人的安全，最后，他安详地趴在方向盘上停止了呼吸。黄志全，这名平凡而普通的公交车驾驶员，在生命的最后一刻，把对别人的负责，看得比自己的生命还重要！

主持人：一名平凡的公交车驾驶员，在生命的最后一分钟居然做了这么伟大的壮举！在生命的最后一分钟，他没有忘记自己的责任。正是这份责任心，挽救了多少人的生命！

（二）利用生活情景剧讨论责任

1. **表演生活情景剧（10 分钟）**

主持人：正因为黄志全富有责任心，所有乘客才能够幸免于难；正因为农村少年富有责任心，他才背起父亲走进了校门。同学们，我们是否也都具备了基本的责任心？下面请同学们欣赏生活情景剧：

情景剧一：

旁白：上课了，同学们都在很认真地听课，但是在教室的某一个角落出现了这样的情形。

黄凯翘着二郎腿，手插在裤兜里，边听着 MP3 边抖动着腿，摇头晃脑，嘴里还哼哼唧唧的，接着，他拿起镜子对着自己照一照，然后趴在桌上，不一会儿就呼呼大睡了。（要对学习负责）

情景剧二：

班干部陈戈刚做完数学作业，他舒展了脖子，说："真爽，今天的题目做得真顺利。"此时，小熙向其请教一道数学题："陈戈，这道题目我不会做，你帮我讲解下，好吗?"陈戈看了看题目，吞吞吐吐地说："嗯……这个嘛……哎呀，真不好意思，我也不会做。"过了一会儿，班长叫住陈戈："班主任说，班委下课后都要留下来打扫卫生。"陈戈默默不语，很不情愿。下课铃响，陈戈拿起篮球："走喽，打球去了。"（要对工作、对他人、对班集体负责）

情景剧三：

放假了，陈飞背着一大袋脏衣服踏入家门，说："妈，我回来了，这袋衣服帮我洗洗。"于是，陈飞一把一把地从袋子里掏出衣服，满屋乱糟糟的。可是，家里空空如也，没人在。于是，陈飞嚷嚷道："晕死，都死光啦？肚子饿死啦！"陈飞翻箱倒柜找吃的。（要对家庭、对自己的生活负责）

情景剧四：

旁白：小君上街买了一袋零食，在公园里晃悠。

小君提着零食，边晃悠边吃花生。小君无视提示标语，踏过草坪，把花生壳丢在地上。这时，一个小女孩走过来，叫住小君："哥哥，老师说不能随便乱扔垃圾！"小君回过头以不屑的目光从头到脚扫视了这个小女孩，继续吃着花生，随地丢弃花生壳。在旁边目睹了这一幕的老者叫住了小君："小伙子，你东西掉啦！"小君看了看自己提的袋子，又瞧了瞧路上，说："没有啊，什么东西掉了？"老者感叹地说："你的责任心掉啦！"小君纳闷无语……（要对社会负责）

主持人：大家欣赏了以上的情景剧，心里都有什么感受呢？

2. 讨论

（1）联系实际，列举班上同学责任心强的典型事例。

主持人：生活的美需要我们去寻找、发现。在学习生活中，你发现了哪些责任心强的事例呢？（学生自由发言）

比如，不乱扔垃圾，班干部做好职责内的工作，打扫班级卫生区，关一下电灯、门窗，主动擦黑板，把作业认真做好，讲文明，帮助其他同学，维护班级和学校的荣誉等。

主持人：虽然这些都是微不足道的小事，但也能体现出一个人那份可贵的责任心，折射出一个人闪光的心灵！

（2）怎样才能做一个有责任心的人？（学生自由发言）

主持人：花有果的责任，云有雨的责任，太阳有光明的责任，世界上的万事万物都有自己的责任。我们每个人都应当有自己的责任，做一个有责任心的人，对学习负责，对自己、同学、学校、家庭、社会负责！

（三）责任心小调查

下面我们一起来测一测，看自己是不是一个有责任心的人。回答“是”就得1分，回答“否”则不得分，最后累计分数。

（1）与人约会，你通常会提前出门，以保证自己准时赴约吗？

（2）当你发现自己脚下有纸屑，你会将其拾起扔进垃圾桶吗？

（3）你会把零花钱储蓄起来吗？

（4）发现朋友违规，你会做出善意的提醒吗？

（5）当外出的你找不到垃圾桶时，会把垃圾带回家吗？

（6）你会坚持运动以保持健康吗？

（7）你忌吃“垃圾食品”、脂肪性过高和其他有害健康的食物吗？

（8）你永远将正事列为优先，完成后再做其他休闲活动吗？

（9）收到别人的信，你总会尽快回信吗？

（10）没有警察时，你也会遵守交通规则吗？

（11）你经常拖延交作业吗？

（12）你经常帮忙做家务吗？

（13）你会认真对待每项作业吗？

（14）每天出门前，你有照镜子的习惯吗？

（15）当你的作业做到深夜还未完成时，你会继续努力完成吗？

说明：分数为13～15，表明你是非常有责任感的人，你行事谨慎、懂礼貌、为人可靠，并且相当诚实；分数为9～12，表明大多数情况下你都很有责任感，只是偶尔有些率性而为，没有考虑得很周到；分数为4～8，表明你的责任感有所欠缺，这将会使你难以得到大家的充分信任；分数为 3 以下，表明你是完全不负责任的人，有些朋友的父母可能会对你有成见，力劝子女少跟你来往，你一次又一次地逃避责任，将会造成你每份工作都干不长，手上的钱也总是不够用。

主持人：罗曼·罗兰说过："一个人的责任感越崇高，生活就越纯洁。"

（四）看视频，悟责任

视频展示的内容：贫困山区的孩子在雨天艰难地趟过小河上学，并在破旧不堪的教室里认真学习；教室里的课桌椅残缺不全。

主持人：当我们正生活在美好的幸福中却不知珍惜这份幸福的时候，有这么一些孩子，他们没有课桌椅，他们的教室淌满泥水，甚至他们只能在露天野地里、在不幸中坚持学习；在一个本该需要大人好好照顾、爱护、疼惜的年龄里，他们却挑起了生活的重担，他们本该像我们一样面带微笑地踏步在铺满香花的大道上，但是他们什么都没有，他们有的只是破烂的衣服和巨大的生活压力。但是，再大的苦难都无法阻挡他们对幸福的渴望、对尊严的追求、对命运的不屈，他们不曾放弃，因为在他们的心中有着美好的梦想，希望和我们一样能在社会的各个领域活出自己的价值，他们挣扎着、呐喊着……因为他们有责任。是责任，让他们不向命运屈服；是责任，让他们艰苦学习；是责任，让他们珍惜自己，永不放弃；也是责任，让他们对学习负责；更是责任，让他们对自己的人生负责。

三、老师总结

亲爱的同学们，人生的成熟不是始自形骸躯壳的长大，而是始自责任意识的觉醒，责任心才是支撑个人走向成熟的骨骼。作为高中生，我们要完善自己的品格；作为子女，我们要孝敬自己的父母；作为同学和朋友，我们有义务伸出援助之手；作为公民，我们应该肩负保家卫国、建设祖国的重任；作为社会人，我们应该维护正义、扶助弱者、呼吁和平、保护环境。在这个社会中，正因为我们具有坚定的责任感，才在每一次精彩的收获之后始终做到谦虚谨慎，不断地追求新的目标。

教后记

现在的学生大多是独生子女，在家被父母溺爱，他们任性，以自我为中心；在学校则表现为做事缺乏责任心，对他人、集体漠不关心。本次主题班会有效增强了学生的责任意识，对于自己、对于家人、对于班级、对于所处的国家与社会持有责任意识，这是一个高中生应有的情怀。

学业精进的金钥匙

闫德千

活动目的

（1）通过分享故事、观看视频等方式让学生对高三学习方法上的一些问题有一个直观的认识。

（2）归纳学习方法上的问题，探讨深层次的原因。

（3）借鉴成功学子的经验，总结一些科学合理的高三学习方法，供学生参考。

活动准备

（1）开班会前，通过学生的周记和学习方法调查表，收集和了解学生学习各科所采取的方法。

（2）拍摄简单的视频，随机采访班上的同学，收集同学们学习方法上存在的主要问题。

活动过程

一、活动导入

主持人："工欲善其事，必先利其器。"对于学生而言，科学合理的学习方法就是"利器"，它是一把帮助我们更顺利、更有效地完成学习任务的金钥匙。尤其对于高三学生来说，学习内容增多，难度加大，这对我们的学习速度和学习能力都提出了更高的要求。如果仅仅停留在苦学、勤学的水平上，将很难应对高三的学习压力。因此，高三学生必须使用适合自己的学习方法，才能做到事半功倍。那么，正确的学习方法是什么呢？就让我们利用本次班会，进行初步的探讨。

二、活动开始

（一）高三学习的主要困难

主持人：都说高三学习累、知识难，那么究竟累在哪里、难在何处呢？下面请同学们一起看一段视频。

主持人播放事先录制好的采访学生的视频。

（放完视频后）主持人：刚才通过短片，大家分享了高三学习上的一些体会，特别是对学习中遇到的学习方法方面的问题有了一个初步的认识。那么怎样才能培养自己良好的学习方法，不断提高学习效率呢？（学生自由讨论）

主持人：我们来看看高考“大牛”们的说法。

主持人用幻灯片展示部分省份优秀考生的学习方法和经验，学生观看、思考、讨论。

（二）经验分享

主持人：在分享了众多高考“大牛”们的经验之后，现在我们将视野收回到我们的集体，下面有请我们班几位在不同学科中成绩一直稳居前列的同学和大家一起分享他们的学习方法、学习心得。（学生发言，谈不同学科的学习方法）

主持人：感谢上述同学精彩的分享，下面请看一下衡水中学的“学霸”们分享的学习方法，希望大家能有所借鉴。（课件展示，老师逐条解析）

1. 充足准备

这些准备一定要有：一个错题本；一个好题本；新课之前一定先预习；先复习后做作业；做作业要计时（限时训练）。

2. 计划管理——有规律

（1）长计划，短安排。

在制定一个长期目标的同时，一定要制定一个短期学习目标，这个目标要切合自己的实际，即通过努力是完全可以实现的。最重要的是，管住自己，也就挡住了各种学习上的负面干扰，如此一来，那个“大目标”也会更接地气，这就是“千里之行，始于足下”。

（2）挤时间，讲效率。

重要的是进行时间上的通盘计划，制订较为详细的课后时间安排计划表，课后时间要充分利用、合理安排、严格遵守、坚持下去、形成习惯。计划表要按照时间和内容顺序，把放学回家后自己的吃饭、休息、学习时间安排一下，学习时间以 45 分钟为一个阶段，中间休息 10 分钟，下午第四节若为自习课则也列入计划表内。

3. 预习管理——争主动

（1）读：每科用 10 分钟左右的时间通读教材，把不理解的内容记录下来，这是你第二天上课要重点听的内容。预习的目的是要形成问题，带着问题听课，你的问题在脑中形成后，第二天听课就会集中精力听教师讲这个地方。所以，发现不明白之处要提前写在预习本上。

（2）写：预习时将模糊的、有障碍的、思维上的断点（不明白之处）书写下来。读写同步走。

（3）练：预习的最高层次是练习，预习要体现在练习上，就是做课后能体现双基要求的练习题 1 ~ 2 道。做题时若你会做，说明你的自学能力在提高；若不会做，没关系，很正常，因为老师还没讲。

4．听课管理——重效益

听课必须做到跟老师、抓重点、当堂懂。听课时要跟着老师的思维走，不预习则容易跟不上。跟老师的目的是抓重点，抓公共重点，如定理、公式、单词、句型等。更重要的是抓自己个性化的重点，抓自己预习中的不懂之处。事实证明，不预习当堂懂的在 50% ~60%；而预习后懂的则能在 80% ~90%。当堂没听懂的知识应当堂问懂、研究懂。

5．复习管理——讲方法

有效复习的核心是做到五个字：想、查、看、写、说。

（1）想：即回想、回忆，是闭着眼睛想，在大脑中“放电影”，学生课后最需要做的就是回想。此过程非常重要，几乎所有优秀学生都是这样做的。学生应在每天晚上临睡前安排一定时间来回想。

（2）查：回想是查漏补缺的最好方法。回想时，有些知识点会非常清楚地想出来，有些则模糊，甚至一点也想不起来。能想起来的，说明你已经很好地复习了一遍。这样间隔性地回想 2 ~3 遍，几乎能够做到不忘记。而模糊和完全想不起来的就是漏缺部分，需要从头再学。

（3）看：即看课本、看听课笔记。不仅要有面，更要有点。这个点既包括课程内容上的重点，也包括回忆的时候没有想起来的、较模糊的“漏缺”点。

（4）写：随时记下重难点、漏缺点。一定要在笔记中把它详细整理，并做上记号，以便总复习的时候，着重复习这部分内容。

（5）说：即复述。比如，每天都复述一下自己学过的知识，每周末复述一下自己一周内学过的知识。听明白不是真的明白，说明白才是真的明白。

坚持 2 ~3 个月，对知识的理解和记忆会更加深刻，概括能力、领悟能力提高，表达能力增强，写作能力突飞猛进。此方法用于预习和复习。

6．作业管理——要自律

（1）不计时不作业：限时作业，记录完成作业的时间，在此期间，与作业无关的事什么也不做。比如，20 分钟写完英语作业，25 分钟写完数学作业……

（2）不复习不作业：先复习所学的内容，再写作业。

（3）不小结不作业：写完作业后，总结自己学会了什么、得到了什么、有什么体会。

7．错题管理——常反思

使用错题本和难题本，目的是以后更好地进行复习。错题和难题反映着许多知识点的联结，掌握了错题和难题就等于把高分拿在手。

错题本和难题本可用 16 开的横格本，每页上下分 5 个部分：第一部分是原题。第二部分是错因。第三部分是改正确与举一反三。正确即写出正确答案，过了一个月再复习时，如果还不会，就进一步查找原因，这时举一反三，将与本题相关的知识点或习题联系起来并写下来。第四部分是归纳提醒。写出错题错在什么地方，如错在代数方面，则提醒自己这部分掌握不好，可重新自学或请教老师和同学。第五部分是复习次数。每隔一段时间要复习一次，盖住原题，自己把题再在脑海中做一次。此方法比较适用于理科学习。

8．难题管理——会溯源

一般来说，难题之难多半在于题目所涉知识点众多，知识点之间的关系错综复杂，思维及方法运用跳跃性大、逻辑性强。因此，对于难题，建议用溯源的方法整理：一是查清楚题目所需知识清单，同步辨清知识点之间的内在联系。二是复原自己考试时的思维路径，查“堵”点、“歧”点。三是借助参考答案探究自身存在的盲点、疑点甚至漏点。之后，同样需要每隔一段时间复习与检查一次。

9．考试管理——抓重点

用一张丢分统计表管理。按科目分为填空、选择、计算、阅读等项目。丢了多少分，用统计表记录，这样就能明白哪些是在审题上出了偏差，哪些是在运算上出了错误，哪些知识点没掌握，哪些方面需改进和提高。把错题抄下来，每隔 20 天再做一遍。尤其是在考试前可找出考点，拿出专门时间做错题本、难题本上的题。

主持人：为了让“学习”这个话题更加轻松，我们班的一部分同学排练了一个小合唱《真心英雄》，掌声有请！（几位同学闪亮登场）

（三）我们的收获

主持人：感谢老师和几位同学的精心准备。俗话说，“学无定法”，不同人对于学习方法的选择会存在很大的差异，那么我们是否能从变化中找到一定的共性，从而为我们的学习方法的改善提供一个框架呢？

下面我们一起来看看上周我们进行的学习方法调查的结果。

主持人展示幻灯片，归纳收集的调查表中同学们主要采用的学习方法。（事先要做好调查表信息的整理和分析工作）

主持人：表格中所归纳的学习方法，是我们整理的同学们觉得行之有效的一些方法，希望这些方法能够为大家的学习提供指引。

（四）活动总结

主持人：亲爱的同学们，今天我们利用有限的时间探讨了高三复习过程中科学合理的学习方法，希望大家根据自己的实际情况，采用适合自己的学习方法，提高学习效率，力求做到事半功倍。也希望大家在今后的高三学习中，不断分析、总结学习经验，尽快找到适合自己的学习方法，最终在高考中取得令自己满意的成绩。

三、老师总结

亲爱的同学们，有句话说得好：“条条大路通罗马。”学习的方法和途径很多，只要大家在平时的学习中积极思考、不断总结，就能不断改善自己的学习方法，提高学习效率，从而为决胜高考奠定坚实的基础，在这里也祝愿大家踏实备考、科学应考，最终能够顺利考入自己心中理想的大学。

教后记

进入高三，大多数学生感受到来自各方面的压力，进而学习状态有了明显改善，不少同学也取得了很大的进步。但随着时间的推移，出现了这样一种状况：有一部分学生的“投入”和“产出”逐渐不成正比；有的甚至出现了负增长，即越努力学习，成绩越下滑。究其原因，主要是学习方法不得当，导致学习效率低下，进而影响学习质量。因此，通过本次主题班会对高三学生的学习方法进行具体指导，让学生能潜心思考学习过程中存在的问题，不少学生受益匪浅，效果良好。

理性对待考试中的起起落落

易秀芳

活动目的

（1）引导学生学会理性客观地看待考试成绩，注重分析考试失误的原因，增强应试能力。

（2）注重学生的心理健康教育，通过活动，增强学生心理承受能力和受挫能力。

活动准备

（1）开班会前一周，每个宿舍选出两位代表谈自己考试后的心态，以及应如何调节心态。

（2）邀请已毕业的优秀毕业生谈考试后进行自我心理调节的方法。

活动过程

一、活动导入

主持人：高三，我们在考试的轮番“轰炸”中成长，不知道每次考试成绩下来后同学们的心情怎样？是认为自己考得还可以，心情不错，还是认为自己考得不太理想，比较伤心？

或许考试结束了，大家都有一种如释重负的感觉，然而此时的精神状态和行为表现仍然是不能忽视的。随着成绩单的下发，会让学生产生不同的心理冲突。这些心理冲突会影响很多同学的求知欲望、学习干劲、追求进步的动力、打磨细节的品质，进而影响到下一阶段的学习状态和成绩的取得。因此考试后及时进行心理调适与考试前、考试中要做的心态调整同等重要。

二、活动开始

（一）“照镜子”（分析现象，反思自己）

主持人：回想一下，拿到成绩后的感受和刚刚考完的感受肯定是有差距的，其实最了解你的人就是你自己。考试不是为了别人，而是为了自己，请大家在对自己负责的前提下剖析一下自己此刻的心情、回顾一下自己考试后的表现。（课件展示，图文并茂，老师逐条解析）

①不露声色　②春风得意　③懊恼不已

④伤心欲绝　⑤埋怨愤怒　⑥满不在乎

看看你属于哪一种？

下面，我们一起想一想这些心理现象的表现，并进行对策分析。

1.“不露声色”者

归纳如下：学得扎实，考得好。自信心强，胜不骄，败不馁。成绩稳定，始终保持优良的成绩。

良药苦口：我们还是要肯定自己，不断鼓励自己。不以物喜，不以己悲。

2.“春风得意”者

归纳如下：考好后，往往会沾沾自喜，甚至会自我吹嘘。这样虽然能增加信心，但也会导致自满自足，给以后的学习带来浮躁的心态，导致成绩一上一下、不稳定。

良药苦口：我们应该明确学习是一个长期任务，需要有韧性，需要有高目标，知道山外有山、楼外有楼，做到胜不骄、败不馁。

3.“懊恼不已”者

归纳如下：每次考试之后都会对自己的失误忏悔不已，不是说看错题目，就是说计算失误；不是说漏做了题，就是说抄错答案，总是存在着侥幸心理。

良药苦口：我们要从平时的每次作业开始克服粗心大意的毛病，平时学习要认真、扎实、细心和一丝不苟。

4.**“伤心欲绝”者**

归纳如下：对自己认识不够准确。考前往往盲目自信，准备不足，所以考试的成绩和自己预料的往往相差很大，心理上不能接受眼前的现实。

良药苦口：我们要认真分析试卷，对自己有一个较为客观的认识。既要克服盲目自信的心理，又要正确认识自己的能力，鼓起前进的勇气。

5.**“埋怨愤怒”者**

归纳如下：考试后不检查自己平时学习上存在的问题。不是埋怨老师试卷出得不好，就是埋怨老师没有复习到考题；不是埋怨考试题目太难，就是埋怨老师阅卷太严，甚至抱怨没有作弊成功；或者埋怨别的同学打扰自己的学习，总之和自己没有关系。

良药苦口：我们要好好反省，端正学习态度，明确学习是为什么、为谁学。学习基础较差的同学，要在学习方法上加以改进。

6.**“满不在乎”者**

归纳如下：考试后，瞄一下分数，试卷也不看一下，便扬长而去，表现得满不在乎，有的甚至破罐子破摔。

良药苦口：这种现象在我们班恐怕极少，我们应该对自己负责，相信每一个同学都想考出好成绩，实现自我价值。

（二）反思自己，拿出行动

主持人：考试后同学们常出现的几种心态，刚才老师做了详细的分析，并且提出了整改意见。那我们应该如何行动呢？

（三）代表发言

每个宿舍派代表发言。

（四）锦囊妙计，老师支招

老师：很理解大家的心情。做学生真的很难，考试前为那个未知的结果紧张焦虑，考完以后也不轻松，因为没有交出满意的答卷，不知道如何去面对老师、家长、同学，更不知道如何面对自己。

那么我们考后是不是还需要掌握一些从容大计，以便能够更好地迎接下一次挑战呢？

1.**给考得不好的同学的建议**

（1）关键是你怎样看自己：其实，他人怎么看你并不是很重要，关键是你会怎么看自己。如果你能够在糟糕的事件发生以后还对自己充满信心，那你总有一天会达到自己的期望和要求，而他人对你的看法也会随着你的变化而变化。可如果你都看不起自己，失去信心而自暴自弃，那他人怎么看你都是没有任何意义的，因为你已经彻底输给自己了。

（2）重要的是寻根究底：是什么造成了现在的问题呢？如果真的是很努力了，那会不会是没有瞄准目标，或是努力的方向不对。所以，要认真反思是哪个步骤出错了。首先看看试题都错在哪儿，分析一下出错的原因是粗心，还是没有记住公式，是不能融会贯通与灵活应变，还是没有真正理解和掌握知识点。然后和老师、同学沟通交流，看看是不是自己的学习方法有问题。

（3）必须立即行动起来：首先是宣泄失利带给自己的消极情绪。其次是好好分析一下什么地方是可以努力和改变的，该改的改，该补的补。

（4）克服“鸵鸟心理”：不要回避问题和挫折，积极勇敢地面对，寻找解决的办法。

2. **给考得比较好的同学的建议**

倒空你的优秀，因为你可以更加优秀。倒空你的高见，也许它正是偏见。倒空你的成功，你可获得更大的成功。

三、老师总结

刚才有同学谈到自己考试后的压力主要来自家长。考不好，家里的气氛就很凝重，家长“望子成龙”是可以理解的，作为班主任，我也会就这方面加强和家长的沟通交流，改变家长对孩子重物质关怀，轻心理和精神照料的状态。作为学生，你们要培养抗挫折的能力，正确地看待分数的起与落。下面我们一起来分享一段文字，希望你们能从中获得启示。（展示一位同学关于如何对待分数的感想）

从小学开始，爸爸、妈妈对我就是这样要求的，只要学习态度好，考试考多少分都不会怪我，所以，我考试没什么压力，正因这种心态，在考试中很少有发挥失常的时候，成绩也差不到哪去。我的经验就是像考试一样认真做作业，像做作业一样轻松地考试。上初中后，妈妈重新告诉我：“考试，只要考出你的真实水平，就可以了。比如，某次考试，你的真实水平是 90 分，你考了 90 分，就很好。如果因为某种原因，你只考了 70 分，那爸爸、妈妈就会为你感到遗憾，因为你的努力付出没有得到对等的回报。”

在我家，分数引起的反应基本上是波澜不惊的，考 100 分也好，80 分也好，没什么太大的反响。人生处处是考场，从容面对，考出自己的真实水平就好。在我们家，物质也不与分数、成绩挂钩。

这位同学有理性的父母，在对待分数上既体现出其开阔的胸襟，又让孩子明白只有拥有了良好端正的学习心态与严谨认真的学习过程，才会有好的成绩，而不是只会懊恼结果。这给予我们的启示是：注重平时的学习积累与准备，只有做好最好的准备，才能最大可能地接近我们心中期盼的理想成绩。分数背后或许能看到你审题是否细致、复习是否全面、思考是否深入等，学会客观理性、阳光地看待分数，寻找更好的自己，这是高三必须经历的心路历程。

教后记

学习不仅是寻求知识的过程，更是一个提升自我抗挫折能力的过程，理性地面对高三成绩的起起落落，这与一个高三学生能否以最成熟平稳的心态备考，在高考中考出最高水平息息相关。通过本次主题班会，尤其是部分学生的发言，他们真正明白了“不以分数喜，不以分数悲”，能为他们高三的学习生活打下最坚实的心理基础。

活出生命的色彩

余莉莉

活动目的

（1）了解生命的意义，活出多彩的人生。

（2）正视生命中的困难与苦痛，增强抗压能力，培养乐观向上的精神品质。

活动准备

（1）学生吉他弹唱《怒放的生命》，学生自导自演小品。

（2）搜集关于生命的视频、图片等。

活动过程

一、活动导入

学生吉他弹唱歌曲《怒放的生命》。

主持人：同学们，一曲《怒放的生命》唱出了大家心中渴望超越平凡、挣脱一切的美好愿望，点燃了生命的激情；但同样也触动了正处花季的你们曾经失去方向、折断翅膀的痛苦经历。生命就是这样，有苦有甜，有起有伏，有暗淡也有光亮，有黑白也有色彩。那么，就让我们利用本次班会一起探究生命的内涵和意义，学会面对困难，活出生命的色彩吧！

二、活动开始

（一）观看视频（被慢速播放的《生活大爆炸》片头）

主持人：同学们，这个视频用不到两分钟的时间给我们展示了公元前十亿年至今地球生命发展的历程，请同学们谈谈什么是生命。《说文解字》对“生”的解释是“进也，像草木生出土上，凡生之属皆从生”。由此可知，生命即“生物体所具有的存在和活动的能力”。

（二）地球呼吸网：Breathing Earth 展示

主持人：同学们，在这个画面上，一颗白点闪烁代表这世上有一个人出生，一颗黑点闪烁代表这世上有一个人死亡。仅仅在我们打开网页的这一分钟，全世界已有约 200 人出生，约 70 人死亡。请同学们就这个画面上不断变化的数字谈谈自己的感受。（学生自由发言）

主持人：生命是如此奇妙，又是如此短暂。世界上每天都有人出生，每天也都有人死亡，每个人都会有离开人世的一天，但也正因为生命会归向终结，所以我们更应活出生命的色彩。生命来之不易，生命的诞生是艰辛的。生命的质量不在于长度，而在于广度和深度。

（三）欣赏视频，感悟生命的价值

（1）约翰·库缇斯是世界上最著名的激励大师。他天生严重残疾，但他以拒绝死亡来挑战医学观念。他没有腿，也不依靠轮椅生活，却形成了世界级的自尊、自信和自立。他去过 190 多个国家，接受过南非前总统曼德拉的接见。他的演讲雄伟壮丽、震撼人心，每到一处都掀起泪海与热潮。

主持人：我们要学会感悟生命的价值。珍爱生命，注意安全——身体是革命的本钱；珍爱生命，认真学习——学好本领，充实自己；珍爱生命，乐于奉献——造福人类，体现人生最大的价值。

（2）故事体验。（学生讲述周润发踏进演艺圈的故事）

主持人：生命的意义在于拓展丰富的内涵。

（四）观看励志视频《人生不是一场马拉松》

主持人：同学们，这个视频虽然很短，但是引发了我们很多的思考。请同学们结合视频或者自身经历谈谈，在你们眼中，生命的意义是什么呢？

学生 1：生命的意义在于体验世界的美好，就像我们出去旅游，就可以感受世界各地的风俗人情……

学生 2：生命的意义在于实现自己的价值，人生不是一场马拉松，每个人都有自己的价值，要找到适合自己的发展方向……

学生 3：生命的意义在于探索未知的世界……

学生 4：生命的意义在于奉献，带给别人温暖和善意……

主持人：同学们在谈生命的意义时，不仅能够从自身出发，还能推己及人，把他人的幸福列为自己生命的意义之一，这点值得肯定。

诚如同学们所说，生命很有意义，我们可以活得很精彩。但是，有时候我们也会遇到一些挫折，让我们怀疑生命的意义。这时候，我们应该如何面对挫折、重拾生命的美好呢？（学生发言）

主持人：很多同学都提到自己期中考试没考好，对未来失去了信心，不知路在何方。但是有了家人、老师和朋友的鼓励，逐渐在忙碌的高中学习生活中找到了自己的方向。因此，无论什么时候，大家都要对生活和生命充满信心，要相信“柳暗花明又一村”。

三、老师总结

通过本次班会，我们了解到人生苦短，生命有暖色也有冷色。虽然我们无法改变生命的长度，但是只要我们积极乐观地面对困难，尊重自己和他人的生命，就能够活出生命的色彩，增加生命的厚度。正如海德格尔所说：“生命充满了劳绩，但还诗意地栖居于这块土地上。”希望每个同学都能珍爱生命，活出精彩的人生！应该告别昨日的颓丧，扬起希望；告别昨日的散漫，打造理想；面对学习中的困难，从容不迫；面对生活中的挫折，勇往直前。在以后的学习生活中，希望大家做到：敢于拼搏，用不懈争取进步；自强不息，用汗水浇灌理想；超越自我，用奋斗放飞希望；永不言弃，用信念实现梦想，让生命绽放最美丽的光芒！

教后记

培养学生的生命意识是培养仁爱和尊重之情的重要一环，只有尊重自己的生命，才能推己及人，去尊重他人以及地球上其他生灵的生命。相信这次班会之后，学生会对生命有更深入的认识，有助于他们活出生命的色彩。

在奋进中反思

龙芙蓉

活动目的

（1）通过自我反思与教育，让学生切实认识到试卷分析的重要性，并且要做有效的试卷分析。

（2）做试卷分析检查，明确学习中存在的问题，适时调整学习计划，查漏补缺。

活动准备

（1）开班会前，学生准备好最近几次考试的试卷及排名表。

（2）搜集关于试卷分析的经验和方法。

活动过程

一、活动导入

主持人：中华武术中有一种神奇的功夫叫点穴。再厉害的武林高手，都有自己的死穴，有的在脑门顶，有的在脚板底，有的在肚脐眼。会点穴的人，只要点中了对手的死穴，便可轻易取胜。学习也是如此，如果找到了自己学习上的死穴，对症下药，采取积极有效的补救措施，解开死穴，我们的成绩怎么可能不提高呢？可是怎样才能找到我们学习中的死穴呢？试卷分析就是一种行之有效的方法。

二、活动开始

（一）看小品，谈体会

主持人：同学们，进入高三，考试便如同家常便饭，三天一小考，五天一大考。不过最可怕的还是拿到试卷看到分数的那一瞬间，心态变化大概有这样几种：①不露声色；②春风得意；③懊恼不已；④伤心欲绝；⑤埋怨愤怒。⑥满不在乎。（学生表演小品）

主持人：同学们，你们每次考完试拿到试卷是不是也像小品中同学表演的一

样呢？你每次考试后的心情，属于哪一种？该如何对待？（学生自由发言）

（二）他山之石，可以攻玉

主持人：先哲曾说："人不能两次踏进同一条河流。"可我们却常常一而再再而三地犯同一类型的错误，为什么呢？其中一个很重要的原因就是我们没有有效地分析试卷，因而不能从中吸取教训。请班上成绩优异的同学谈谈自己分析试卷的经验。

1. 从逐题分析到整体分析

首先，从每一个具体的错题分析入手，分析题目所考的知识点及产生错误的原因。

（1）这道题考查的知识点是什么？

（2）知识点的内容是什么？

（3）这道题是怎样运用这一知识点解决问题的？

（4）这道题的解题过程是什么？

（5）这道题还有其他的做法吗？

在此基础上进行整体分析，得出一个总体结论。我们丢分的原因大体包括三个方面：①知识：知识点不会、不熟，或者一时想不起来，造成失分。②方法：方法不会，或者知道方法但不会应用、不知道应用在此处，造成失分。③习惯：计算、审题、思维定式出现偏差或粗心马虎，造成失分。

2. 从数字分析到性质分析

（1）以数字回答各个原因的丢分数值。比如，计算失误失分、审题不清失分、考虑不周失分、知识点不清失分、解题错误失分等。

（2）以数字回答"最不该丢的 5 ~ 10 分"。"最不该丢的 5 ~ 10 分"是最有希望获得的，找出来很有必要。在后续学习中，努力找回这些分数可望可即，如果真正做到这些，进步也就很可观了。

（三）从纵向分析到横向分析

一种是纵向分析，即拿本次成绩与之前的成绩对照，看是否比上次有进步，不仅从总成绩上比，更要比到细节，具体到每科，细化到每科的知识点，比如语文考试，上一次"基础知识与运用"失分较多，而这次通过努力没有丢掉太多的分，这本身就是一种进步。

另一种是横向比较，拿卷面成绩跟各档次分数线比。举例来说，语文、数学满分 150 分，而自己语文考了 110 分，数学考了 98 分，哪一科考得好？的确不好判断，因为没有参照物，这时可以把各档次分数线作为参照，通过对比，找到相对弱势的学科，及时补救，预防偏科；通过对比，既找到自己的不足，也发现自己的进步与亮点，从而使自己更有信心和动力。

（四）从归因分析到对策分析

分析试卷，分析丢分的原因，归根结底还是为了找到有效的解决方法，提升学习成绩。因此试卷发下来后，一般要立即做下面三件事：

1. 要“马上写”

建立错题集，首先把做错的题重新抄一遍，然后写出正确的答案（包括解题过程），主观性试题还应补全老师讲解的解题思路；其次把试卷上一些典型的、思路巧妙的、对自己有所启发的、让自己有所领悟的例题整理上去。一本或数本错题集记满以后，可以再重新整理，自己会做的可以删去，不会做的可以保留，如此反复，直至完全掌握。

2. 要“及时析”

这一条最为重要，及时写出试卷自我分析。包含以下要素：①考试的综合评价，即哪些题目做得比较好，哪些题目存在失误。②对错题进行原因归类，如知识、方法、习惯等方面的分析。

3. 要“经常翻”

写完试卷自我分析后，将其和试卷粘贴在一起，要注意累积保存，积累多了，亦可装订成册。千万不要束之高阁，要经常翻阅复习，以达到巩固知识、加强理解、培养能力、掌握规律的目的。

下面以英语这一科目为例，给大家看一下试卷错题情况分析表。

表1　错题情况分析

题型	题号	考查内容	扣分	难易度	原因分析
单选	23	地点介词	1	容易	之前这种题较少做
完形填空	37	句意理解和词汇辨析	1	中等	复杂的句式结构如定语从句不会分析，影响对文章的理解；个别单词在文中的具体应用掌握不到位
	38	句意理解和词汇辨析	1	中等	
	40	句意理解和词汇辨析	1	难	
	42	句意理解和词汇辨析	1	中等	
阅读理解	50	细节题	2	容易	粗心，没有在文中找到具体答案的位置
	56	猜测词义	2	中等	单词不认识以及复杂句子结构分析不清，导致对文章的理解产生偏差
	57	推理判断	2	中等	
任务型阅读	65	细节题	2	容易	一词多义理解偏差

（续上表）

题型	题号	考查内容	扣分	难易度	原因分析
写作	74		3	中等	①卷面不够整洁，涂改的地方太多，扣卷面分 ②单词的词性掌握得不够准确，如 happy，happiness 和 happily 的应用 ③单词应用不准确或单词拼写错误，如 serious

主持人：同学们，既然刚才我们已经听到了如此宝贵的经验和方法，赶紧行动起来吧！请大家拿出语文（或其他科目）试卷，做一份试卷分析。（学生分析试卷）

主持人：同学们，今天我们了解与交流了很多关于如何有效分析试卷的方法。作为高三的学生，我们面对接踵而至的考试，一定要充分发挥考试的作用，认真分析试卷的答题情况，订正考试试卷中出现的错误，通过试卷分析查漏补缺，分析考试的收获、失误以及考试暴露出的缺点等，然后根据错误类别逐一进行对照并制定出自我提高的措施与方法。

三、老师总结

亲爱的同学们，作为学生，考试无可避免，考试主要是通过检测，暴露出每个人的知识薄弱点，也就是知识死穴。因此，只有认真分析试卷、吸取教训，才能避免在同一个地方跌倒。吃一堑，长一智，只有一次次弥补不足，才能逐步取得成功，在奋进中反思，在反思中进步。

教后记

高三阶段各种模拟考试源源不断，做试卷分析是每次考试后最重要的工作，可是很多同学考试完就把试卷抛到九霄云外了，或是草草对对答案。通过本次主题班会，让学生增强考试后进行试卷分析的意识，从考试中总结经验和吸收教训，做到“知己知彼”，获得学习的明确方向，这对高三学生显得尤为重要。

放飞自我，告别焦虑

夏 莹

活动目的

（1）帮助学生调整备考期间的心理状态，使学生走出心理低谷，保持良好的心理状态进行冲刺复习。

（2）帮助学生借助一些自我调整的方法，激发其冲刺高考的潜力，使其正常或超常发挥自己的水平。

活动准备

（1）通过周记、面对面谈心等方式，了解学生的思想动态和心理状态。

（2）环境布置：正面黑板用色彩鲜明的颜料写上班会主题名称，并画少量图画。

（3）学生准备：做考试焦虑的心理测试，整理结果。

活动过程

一、活动导入

播放一个视频。（考前焦虑的种种现象）

主持人解读视频：刚才观看的视频主要说的是考试焦虑，又称考试恐怖，是指因考试压力所引起的一种心理障碍。其主要表现为在迎考及考试期间出现过分担心、紧张不安、恐惧等复合情绪障碍，往往伴有失眠、消化机能减退、身体不适和植物神经系统功能失调等症状。这些症状会对考生的思维产生影响，使其注意力、记忆力下降，达不到良好的复习效果，甚至无法参加考试。

二、活动开始

（一）心理小测试

根据自己的真实感觉判断，在自己的学习过程中是否存在以下情况：

当老师宣布要考试时，我会感到紧张。

进入考场时，我会觉得自己的考试准备做得还不够充分。

在考试期间，我觉得自己的思维似乎比平时迟钝得多。

在重大考试来临前，我往往会出现失眠现象。

参加重大考试时，我总会感到自己手指发抖、脚发颤，并且紧张得肚子痛。

对于考试，我总觉得他人比自己强多了，缺乏自信心。

考试结束后，我往往觉得本来可以考得更好。

考试成绩直接对我的前途与未来发展产生影响。

以上现象出现得越多，就说明考试焦虑程度越高，需要加以控制并采取有效的措施来改变。

（二）克服考试焦虑：拥有好的心态已成功了一半

1. 学习中

（1）树立自信心。

自信心是考生成功的精神支柱。如果没有自信心，就不太可能成功，所以树立自信心对学生来说是十分重要的。无论是在考试中还是平时的学习中，我们都要以勇敢的态度接受自身存在的缺陷和不完美，还要发现自身的优点，对待学习和考试结果同样要自信，其中最重要的就是要进行正确的归因。要学会将考试的成功归因于自身能力强，将考试的失败归因于努力程度不够，正确的归因有利于自信心的树立和巩固。

（2）正确对待考试。

对待考试，我们应该有这样的观念：考试并不是人生的全部，我们应该把考试看作对自己知识和能力的检验，认真对每次考试进行分析，以平常心对待每次考试，包括避免绝对化观念，如“我必须考上大学”“我一定不能失败”等。

（3）制订合理的复习计划，有效利用时间。

临近高考，一些同学往往心情非常急躁，不知道怎样利用时间。制订合理高效的复习计划是很重要的，这样能更有效地利用、管理实际时间。

制订复习计划时要注意：

①复习计划要注意劳逸结合，并注意变换学习方式和学习内容，这样才能防止大脑疲劳，使学习效率保持一定的水平。

②复习计划要结合实际。首先，应根据自己平时的学习情况制订目标略高的学习计划；其次，了解自身最佳学习时间。科学研究认为，一天之中有 4 个学习的高效期：清晨起床后 1 小时；上午 8—10 点；下午 6—8 点；入睡前 1 小时。大家可以在借鉴的基础上，根据自身实际情况和习惯，确定自己的最佳学习期，更有效地利用有限的学习时间。

（4）正确对待外来的压力。

要能正确对待外来的压力，站在对方立场上分析压力的来源，再结合自身实际情况选择性接受，没有必要将所有压力都强加于自己身上，成为心理负担。

2. **考试中**

（1）积极的自我暗示。

同学们在平时的复习和考试中都应该用“我行”“我能学好”等积极的言语来暗示自己，让自己保持良好的心态来面对考试。

（2）忽视不良情绪。

同学们在考试中有点紧张、不安、着急是难免的，也是正常的。在考试时出现紧张、不安等情绪，要忽视这些情绪，将注意力更多地集中在考试具体的题目上。

（3）深呼吸。

深呼吸是一种调整情绪的简易方法。在考试的过程中，当你觉得焦虑情绪已影响考试时，你可以有节奏地吸气，停几秒钟后，再缓慢有节奏地呼气，效果不错。

（4）极限思维法。

当你在考试或平时复习中发现焦虑影响考试和正常的复习时，不妨采用“极限思维法”，想象你所焦虑的事件的最坏结果，就会发现现状还是值得乐观的。

（三）一模二模，我们该用什么态度来对待

（1）树立自信。当处于过度焦虑时，想想自己以往遇到这种情况时是如何解决的，自身拥有哪些经验可以鼓励自己克服不良情绪，相信自己一定可以。

（2）端正考试态度。真正地去了解考试的作用和意义，以积极乐观的态度面对考试。

（3）积极自我暗示。要经常暗示自己“我能行”“考试一定会取得成功”。

（4）加强应考技能训练。比如，如何加强有效的复习，如何在考试中从容地面对可能出现的各种问题，如何调整考试心态等。

（四）全体学生考前宣誓

挑战人生是我们坚定的信念，决胜高考是我们不懈的追求。我们拥有百折不挠的信心，我们拥有顽强拼搏的意志。高考三十天，我们会争分夺秒，踏实苦干！高考三十天，我们会讲究方法，提高效率！为了实现心中的梦想，我们坚决做到：努力、努力、再努力！拼搏、拼搏、再拼搏！我们是最棒的麒麟学子！请母校放心、请老师放心、请父母放心！我们信心百倍、豪情满怀！我自信，我努力，我成功！我行，我一定行！

三、老师总结

这次班会大家都有不少的收获，但我还是希望大家能够做到：考前，心静如水；考中，尽量发挥；考后，接纳自己。希望每一次考试，大家都以最好的心态去面对。最后祝同学们都能坦然地面对人生道路上的每一次考试，考出自己真正的水平，考出真我风采。

教后记

经历了数次月考和模拟考试，学生面对成绩的波动或与目标相距甚远的情况，对考试和学习产生了焦虑心理。焦虑心理不仅影响高考备考，甚至可能对学生的日常生活、性格发展造成影响。及时引导学生正确地看待考前焦虑，是班级稳定工作的有利保障。班会之后，对学生个体的关注和疏导是工作真正的重点。

践行誓言，备战 100 天

杨春燕

活动目的

（1）加强学生备战高考的意识。帮助学生在高三最后的备考阶段调整心态，树立信心，坚定“坚持就是胜利”的信念。

（2）激发学生学习的热情。针对本阶段的学习方法和容易出现的问题，给出具体的建议，使学生静心复习备考，落实备考的每一个环节，力争高考丰收。

活动准备

（1）搜集关于毅力和坚持的励志短片。

（2）安排学生准备有关发言。

活动过程

一、活动导入

播放背景音乐《天空之城》。

老师：今天是一个不同寻常的日子。再过 100 天，你们就要结束难忘的高中时代；再过100天，就要告别求学三年的母校；再过100天，你们即将离开朝夕相处的老师和同学；再过100天，你们就要迎接人生的第一大挑战——高考！

此时此刻，作为和同学们朝夕相处近三年的我，心里感慨万千。我们共同经历的每件往事，如在眼前。可弹指一挥间，百日会战的号角已经吹响。

在最后的100天里，我和全体老师也许对你们有更严格的要求、更艰苦的训练、更严厉的批评，但请相信我始终如一，如同麦田守望者，守望着你们一点点成长！我愿意竭尽全力用我单薄的肩膀托起你们明天的辉煌。

决战的号角声已经吹响，同学们，爱拼才会赢！我相信，只要我们竭尽全力，奋力拼搏，一定能取得胜利。在今后的日子里，每个同学都要放下包袱，轻装上阵，安下心来，发扬奋力拼搏、永不言败的精神，不犹豫、不彷徨，我们共同努力，全身心地奋战高考，向家长、老师、学校和社会交出满意的答卷，铸无悔青春，创吾班神话！相信大家一定能够成为老师的骄傲、成为家长的骄傲、成为实验中学的骄傲！

主持人：我们知道实现高考梦想的征途不会一帆风顺，几乎每位同学都对即将遇到的困难和挫折做好了心理准备。我们在黑暗中摸索前行，经历了无数次摔打，现在是黎明前最黑暗的阶段。同学们，做好进行最后搏斗的准备了吗？

二、活动开始

（一）最困难之时就是离成功不远之日

（播放幻灯片）主持人：因为坚信“一分耕耘，一分收获”，我们为实现梦想而辛勤耕耘着。可是后来发现，自己流了很多汗水，却没有收获，学习成绩进步不明显，甚至越来越差。

当我们失败的时候，总是告诉自己要努力，可接下来又是新的失败……

你能够承受多少次失败的打击？很多同学在多次失败的打击下，令人惋惜地放弃了努力，有的同学甚至在一次不理想的考试之后就开始灰心、绝望了。其实，成功就在你绝望、准备放弃的背后。（展示图片）

我相信：最困难之时就是离成功不远之日。（漫画《画龙点睛》）

观看感人励志短片《永不放弃》。

（二）观看视频《超级演说家》

主持人：请记住，最浪费时间的一件事就是太早放弃。人们经常在做了90%的工作后，放弃了最后可以让他们成功的10%。这不但让他们输掉了开始的投资，更失去了发现宝藏的可能。再坚持一下！经历了“山穷水尽疑无路”，才会迎来“柳暗花明又一村”，只有坚持才能成功。同学们，相信自己，坚持到最后，才能取得最后的胜利。

（三）高考成功的基本条件

（播放幻灯片）主持人：高考成功的基本条件包括实力和心态。

实力问题：本科二批离我们有多远？

3 +5 +2（容易题、中档题、难题）

我们的目标：立足3 +5，抓住中档题

$750\times80\%=600$

2012 年广东高考各批次最低录取控制分数线

理工类：	本科一批	本科二批	本科三批	专科
	585分	523分	484分	300分

$523\div750=0.697=69.7\%$

2013 年广东高考各批次最低录取控制分数线

理工类：	本科一批	本科二批	本科三批	专科
	574分	516分	480分	400分

$516\div750=0.688=68.8\%$

2014 年广东高考各批次最低录取控制分数线

理工类：	本科一批	本科二批	本科三批	专科
	560分	504分	465分	280分

$504\div750=0.672=67.2\%$

心态问题：每个人都应该有自己的奋斗目标，每件事都应该有一个根基和支撑点。你要始终坚信，只要人生还没有结束，一切都不会是定局。

我们要克服不良心态，树立必胜信心。良好心态是高考制胜的法宝，不良心态是高考的大敌。我们在冲刺阶段必须想办法克服以下 6 种不良心态：

①骄傲自满的心态。表现为上课不认真听讲，回答问题不积极，喜欢做难题、偏题，不注重基础训练。

②消极厌学的心态。表现为上课打不起精神，甚至不想来上课，来上课也是看杂志、做小动作、说闲话。

③依赖懒惰的心态。表现为没有自己的学习计划，完全依赖老师，很少主动看课本，做练习。

④虚荣漂浮的心态。表现为有些同学对知识一知半解，不懂装懂，表面看似接受，实际没有掌握。

⑤悲观紧张的心态。有些同学一方面总感觉智力不如其他人，考大学无望；另一方面又很想踏入大学之门，因而长时间处于一种十分紧张的状态中，表现为上课时昏昏欲睡，课后这本资料看看，那本资料瞧瞧，看得多，消化吸收少。

⑥贪多求快的心态。表现为对基础性的“短平快”试题不屑一顾，尽找知识点多的综合性难题来做，只求速度和数量，不加以总结提高。

除此之外，还有最致命的不良心态，就是有些同学整天想着万一高考考不好怎么办。这样的同学也不太明智，预支了自己的担忧。只有100天了，考好考不好是100天以后的事，现在担忧有什么用呢？预支担忧浪费了宝贵的复习时间。所以同学们应该把握住现在这段很短的时间查漏补缺，而不是担心未来的事情。我们现在的任务是“克服畏难情绪，狠抓学习质量！一股脑地、全身心地扑在学习上”。

（四）我们该怎么办

最好的复习资料：课本。

最好的试题：高考题（近三年本省及各省份试题）。

最好的复习方法：清楚考纲，紧跟老师的复习安排。

老师的几点具体建议：①吃饭要讲究营养，现在切不可“因为省那么几元，而出现身体上的不良反应”。②吃饭不要吃得十分饱，因为那样容易犯困。③时间与状态：要内里使劲，保持学习状态。④熬夜与效率：现在的学习是以效率为核心的，熬夜学习要针对自己的具体情况而定。⑤要保持愉悦的心情：可以通过经常洗头、天天洗脚、勤剪指甲等事情换取一种愉悦心情。⑥要学会自我欣赏与自我批评。

老师的几点看法：①只动嘴，不动脑，学习不会好。②只动脑，不动手，知识不长久。③只做题，不看书，基础不牢固。④时间＋汗水（汗水包括“经得起皮肉之苦：不掉皮肉怎换成功”“经得起血泪相洗：没有坎坷哪有成功”“经得起泥水相随：要舍得付出”）＋效率＝成功。⑤有限时间＋无限题海＝浪费生命。⑥有限时间＋有限题目＋深入思考＝最大效率。

（五）全体学生庄严宣誓

我以青春的名义宣誓：在这百日冲刺阶段，我们要以饱满的热情、昂扬的斗志、最刻苦的精神、最坚韧的毅力，决心做到脚踏实地、勤学多思、全力以赴、决不放弃，迎接金色的挑战，摘丰硕之果，让我们的生命与六月的阳光一样灿烂。智慧培育理想，汗水浇灌希望。踏过书山坎坷，渡过学海茫茫。不做怯懦退缩，不做无意彷徨。冷静沉着谨慎，百日炼成真钢。让我追逐梦想，百日铸就辉煌。携带双亲期盼，十年苦读寒窗。让我涅槃重生，今朝绽放光芒！

三、老师总结

同学们，如果人生是散布在天空的星星，那突然闪过的流星就是我们高三最后100天的冲刺！也许我们只注意到自己创造灿烂时那灼烧身体的痛苦，似乎只感受到了生活的紧张、学习的负担和父母期盼的心情。但是高考过后，当我们蓦然回首，最后的冲刺生活、最后100天那流星般的灿烂，一定会令人难忘！

同学们，努力吧！要抢抓最后100天，珍惜分分秒秒，以苦学、善学、乐学的精神，达到忘时、忘物、忘我的境界，万念归一，全力冲刺！

是船，就要搏击风浪；是桨，就要奋勇向前。学海有方舟，击水千里，有志者事竟成。

教后记

在高三复习备考的最后阶段，很多学生都会出现恐惧、无措、沮丧、慌张的情绪。产生这些情绪的原因有两种：第一种是高三第一学期没有认真备考，后期感到空虚、慌张，对自己没有信心，想要放弃；第二种是一直努力学习，但是没有明显进步，产生自卑感，沉浸在沮丧的情绪中，无法进入学习状态。本次班会针对高考备考后期学生容易出现的不良状态进行调整，促使学生在复习的最后阶段充实备考，取得高考成功。

插上快乐双翅，翱翔高三晴空

王静瑶

活动目的

（1）高三学生学习紧张，心理压力太大，旨在给学生心灵松绑。

（2）帮助学生客观认识高三生活，发现高三学习的快乐，重拾积极阳光的心态。

活动准备

（1）调查同学们消极情绪的具体表现（精神状态、行为、言语等）。

（2）了解心理学的相关知识（自我认知、认知协调理论等）。

活动过程

一、活动导入

可以在班会前提前完成问卷，班会上分享统计数据。

简易问卷调查表

1. 进高三以来，你心情快乐吗？（　　）

A. 快乐　　B. 不太快乐

C. 没有明显的感觉　　D. 无聊

2. 你最在意谁对你的看法？（　　）

A. 老师　B. 同学或朋友　C. 家长或亲人　D. 谁都不在乎

3. 家长最关心你下列哪个问题？（　　）

A. 学习好坏　　B. 是否受到老师关注

C. 与同学相处关系如何　　D. 是否快乐成长

4. 你对家庭的感受是（　　）

A. 温暖、充满关爱　　B. 寂寞、缺少沟通

C. 压抑、缺乏民主　　D. 厌恶、常遭打骂

5. 同学给你的感觉是（　　）

A. 热情友好

B. 谈不上好也谈不上不好

C. 关系紧张

6. 班级中和你成为“死党”的同学的数量是（　　）

A. 1~2个　B. 3~5个　C. 5个以上　D. 暂时没有

7. 班上一名同学突然晚自习整晚未归，你觉得最有可能的原因是（　　）

A. 个人感情问题　　B. 家庭关系

C. 学习压力大　　D. 贪玩（打球或上网吧）

8. 你认为自己学习时间抓得紧吗？（　　）

A. 抓得紧　B. 抓得不紧　C. 差不多　D. 没有感觉

9. 作为一个高中生，你在升学方面的理想是（　　）

A. 只要是名牌大学，专业无所谓

B. 有清晰的专业方向，本科、专科尽力而为

C. 目前没有明确的专业和大学的方向

D. 父母已为我安排好了

10. 经过了几个月的高三复习，你对自己目前的学习状态（　　）

A. 很满意　B. 比较满意　C. 不太满意　D. 不满意

11. 你心中的“小秘密”或某些“困惑”，最愿意向谁倾诉？（　　）

A. 父母亲　B. 教师　C. 身边的同学

D. 以前的同学　E. 深藏于心中

12. 造成你不愉快情绪的主要原因是（　　）

A. 学业不良　　B. 人际关系紧张

C. 青春期烦恼　　D. 家庭生活困难

二、活动开始

（一）情景剧

学生自编自演情景剧，以喜剧为蓝本，以越夸张、喜剧效果越强为佳。

主持人引导：看节目过程中，你快乐吗？为什么会感觉到轻松、快乐？

分享资料《快乐从哪儿来》。

通过研究，美国一所大学神经生物情感实验室以主任戴维森为领导的一组专家研究发现：人的幸福感实际上来源于左半脑制造的“满足感激素”，这种快乐激素所产生的快感竟是吗啡的30倍，更神奇的是，吗啡会使人上瘾，并会对人体内的各器官产生不可逆转的损害作用，而人体内自我产生的这种体内麻醉品——“满足感激素”不但不会使人上瘾，而且对人体的各器官和心血管起到按摩和修复的作用，使人延缓衰老，增强生命的活力。

之所以将其命名为“满足感激素”，关键就在“满足”二字上。科学家认为，因为人的幸福感本来就是与生俱来的，对于因不自觉而陷入悲观和抑郁泥潭里的人，完全还可以通过培养和主动训练来找回自己的幸福感和快乐感。科学家让一些非常悲观或抑郁的人聚在一堂，让其中一个人假装很快乐地大笑，开始的时候，这些人都感到莫名其妙，接着大家都被这笑声逗乐了，也从感到好笑进而跟着笑，笑了十多分钟后，这些以前感到自己不快乐的人却感到了一种快乐和轻松感。科学家告诉大家：即使你开始的时候是假装感到很快乐地大笑，到后来也会在你的血液里产生很多“满足感激素”。接着，科学家让接受试验的人们，每天都相互告诉对方愉快的消息，说自己很幸福和快乐，自己生活得很好，并对着镜子每天笑十分钟以上，晚上，在舞会上每个人都要准备一个节目。结果，一个月以后，这些人血液里的“满足感激素”都维持在很高的水平，并且抑郁的性格都得到了很大的改善。

主持人：科学家通过这个试验告诉人们，一个人的幸福感完全掌握在自己的手中。

（二）畅想未来，写下目标，为自己制定快乐的方向

步骤一：用轻音乐营造轻松的气氛，引导学生畅想自己的远景目标，想象自己今后快乐幸福的生存状态（上大学、工作）。例如，良好的物质条件、和谐的人际关系、丰富的业余生活……

主持人：畅想的过程越来越轻松，越来越快乐。快乐，是因为我们有方向、有目标、有对美好事物的憧憬和梦想。这些是我们前进的原动力，也是我们心灵深处快乐的种子。

步骤二：引导学生认识不同类型目标的指导意义，制定近期的奋斗目标，客

观认识奋斗目标的强度。

主持人：成功学大师曾告诉我们，让自己充实快乐最有效的方法就是用目标指引我们的行动。我们可以借鉴这种方法，制定符合自身特点的目标清单，让它成为我们的快乐行程单。

目标一：分数（受试题难度、试题知识覆盖面、临场发挥等因素的影响）。

目标二：名次（受班级名次、年级名次，受阶段性的努力程度、他人的发挥、应试技巧等因素的影响）。

目标三：某种能力、技巧的提升，自我问题的发现和完善（阶段性目标性强，干扰因素相对少，容易实现）。

主持人：大家在制定快乐行程单时要注意：①不同类型目标的制定，影响因素不同，参考价值不同。②费斯廷格《认知失调理论》告诉我们：制定合理的目标，利用自己给自己制造的“不协调”，激发内心的动力。

步骤三：带领学生认识动机强度对幸福感、快乐感的影响。

主持人：心理学家指出，一个人不论到了哪个年龄，如果都能始终保持着少年对待未来的这种心态，那么，他就会终生保持着一颗年轻的心，终生保持着像少年时代的那种快乐和幸福。但如果他把这些希望和期待变成了一种不可遏止的欲望，甚至达到疯狂的地步，那么，这种如火的欲望就会反过来灼伤他的灵魂，让他痛苦不安，度日如年，甚至会做出有悖于常理的事情。所以，在我们追求卓越的路上，只有保持合理的动机强度，才能让我们的快乐既温暖又不灼伤自己。

（三）为快乐保驾护航的天使

播放视频《幸福拍手歌》。

主持人小结：快乐来自生活中的点滴，来自内心的阳光。

三、老师总结

快乐的小技巧还有很多，最根本的是什么？

怀揣感恩之心、奉献之心，充实地生活，脚踏实地……

我们终会发现：快乐一直在我们左右，从未离开。愿我们能插上快乐的双翅，翱翔在高三这片晴空！

教后记

高三学生在巨大的学习压力下，每天忙于听课、做题、测验，部分同学开始不安于这种机械枯燥的生活，觉得不快乐，并试图通过一些违纪行为寻求生活的新鲜感。从根本上分析，这些表象都是学生缺乏高三目标、对生活缺少理性认知的结果。这次班会的开展，不仅调整了学生的心态，也在潜移默化中影响着学生的人生态度。另外，老师应对问卷中关于家庭氛围、学生人际关系方面的异常作答者给予持续关注，消除班级工作中的隐患，为学生成长营造更好的环境。

目标成就未来

和玲霞

活动目的

（1）引导学生规划好自己的时间和学习任务，增强自主规划的意识。

（2）指导学生学会制订适合自己的学习计划，并掌握自我监督的方法。

活动准备

（1）调查班级学生学习计划制订和执行的情况。

（2）安排计划落实好且有明显进步的学生总结分享自己的经验。

活动过程

一、活动导入

课前热身，做手指操。

第一巧，虎口平击36次。第二巧，手掌侧击36次。第三巧，手腕交叉击36次。第四巧，虎口交叉互击36次。第五巧，十指交叉互击36次。第六巧，左拳击右掌心36次。第七巧，右拳击左掌心36次。第八巧，手背互相拍击36次。第九巧，搓揉双耳36次。第十巧，手掌心互相摩擦6下至微热，轻盖双眼，眼球左右转6圈，周而复始6次。

二、活动开始

主持人：心向着自己目标前进的人，整个世界都会给他让路。每个人都渴望成功，渴望拥有不一样的人生。不管是学业有成，还是加官进爵、腰缠万贯，怎样才能取得成功？如何才能拥有不一样的人生？大家似乎都很茫然，尤其是同学们整天都沉迷于题海，没有时间去关注自己的目标和未来。今天我们班会的目的是希望大家能够明白目标的重要性，以及如何完成目标，成就自己的未来。

（一）学习需要自我规划

主持人A：凡事预则立，不预则废。做什么事有了计划就容易取得好的结果，反之则不然。有没有学习计划对你的学习效果有着深刻的影响。

主持人 B：规划好学习任务后，就可以让自己按照目标有步骤、脚踏实地、紧凑有序地进行学习活动，防止被动，避免盲目松散、随意松垮的学习状态。下面请同学们观看一组由我们班同学拍摄的实录画面对比图。

（二）目标管理引领状态

主持人 A：目标管理的概念是管理专家彼得·德鲁克 1954 年在其名著《管理实践》中最先提出的，其后他又提出“目标管理和自我控制”的主张。德鲁克认为，并不是有了工作才有目标，而是相反，有了目标才能确定每个人的工作。所以“企业的使命和任务，必须转化为目标”，如果一个领域没有目标，这个领域的工作必然被忽视。

主持人 B：那么，同样在学习活动中，我们有意识地对自己的发展进行目标管理，内在的力量将被唤醒，学习的姿态将更加完美。

主持人 A：请大家看课件：目标管理的步骤——DOME。

D（Diagnosis）→（一）诊断→分析个人因素与外部环境
O（Objective）→（二）目标→明确要做的事
M（Method）→（三）方法→找到实现目标的方法
E（Evaluation）→（四）评估→定期检查目标的实现情况并做出改进

学生操作演练。

主持人 B：在上次演练制定的目标基础上，请同学们列出实现目标的具体方法。

（三）时间管理延长生命

主持人 A：彼得·德鲁克曾说：“时间是最高贵而有限的资源。”炙脍人口的“明日复明日，明日何其多”“一寸光阴一寸金，寸金难买寸光阴”“人生有涯”等名言警句更是将时间和人的生命与事业紧密地联系起来。

主持人 B：时间对于每个人来说都是公平的，每天时间银行会为每个人存入 86 400 秒，而这 86 400 秒也会毫不留情地流逝，不会因为任何人或任何事而做任何停留。既然时间的流逝是大自然的客观规律，不以人的意志为转移，那么我们能做的只能是更合理地规划、利用和管理自己的时间。

（四）制定目标要科学

主持人 A：制定目标要根据 SMART 原则来进行，大家请看课件：

Specific→准确性→明确具体
Measurable→可衡量性→具有有效标准

Acceptable→可接受性（共识）→认同和承诺

Realistic→现实性→具有挑战性和成功的可能性

Timebound→时间限制性→具体时间目标

主持人 B：在生活中，常常听到某个人说“我要成为有钱人”“我要当科学家”“我要好好学习”等。这些目标都有共同的特点：模糊、没有量化、让人不知到底该如何操作。这些都是好的想法，但不是好的目标。

主持人 A：制定目标要运用 SWOT 分析法。S 代表 strength（优势），W 代表 weakness（弱势），O 代表 opportunity（机会），T 代表 threat（威胁）；其中，S、W 是内部因素，O、T 是外部因素。

学生操作演练。

主持人 A：请大家跟着以下步骤来操作。

第一步：同学们以清单形式罗列出学习中自己的长处、短处和来自外部的机会与威胁。

第二步：结合上一堂课对自己的认识，根据 SMART 原则制定本学期后半段的学习目标。

主持人 B：同学们，让我们明确自己的目标，并规划好自己的生活和学习，管理好属于自己的时间，细致实现目标管理，必将取得一个又一个成功。

三、老师总结

美国潜能大师伯恩·崔西也说：“成功就等于目标，其他的一切都是这句话的注解。”目标规划可以让我们有计划、有步骤地学习和生活，可以提高效率。充分利用自己的时间，能使自己的学习生活节奏分明。长期坚持可以磨炼我们的意志力，阶段性的成功又会激发我们的学习热情。有规划就有昂扬的状态，有状态就能取得好结果，规划自我，成就未来。

教后记

班级中有一些学生的学习处于盲目的状态，间歇性地特别努力，尤其是那些在月考之后，认为自己努力却进步有限的学生。本次班会旨在引领这批同学规划好目标和管理好自己的时间，科学制订计划并督促自己按步骤落实计划，帮助其恒久地保持一种严谨勤勉的学习状态。这样按计划有步骤地学习，踏实稳健地做好学习的每个环节，过好生活中的每一天，必然会不断进步。

感恩·梦想·责任

吕 磊

活动目的

（1）通过开展“感恩·梦想·责任暨18岁成人礼仪式”主题班会活动，让学生感受到父母的关爱、教师的谆谆教诲和殷切期望，从心灵深处感染学生，从而使学生意识到对家庭和社会应承担的责任与义务。

（2）引导学生树立家国情怀，将个人的理想与社会的发展相结合，将个人的发展与国家的需要相结合，将个人命运与中华民族的前途相结合。

活动准备

（1）邀请全体家长参加主题班会，每个学生提前写一封致家长的信。

（2）让家长准备一封写给学生成人礼的信和一份具有纪念意义的成人礼礼物。

活动过程

一、活动导入

主持人：十八而志，十八而立！我国《民法通则》规定：“十八周岁以上的公民是成年人。”凡满十八周岁的公民，不论其性别、精神健康状况如何，均视为成年人，不再享受《未成年人保护法》的“呵护”，但是可以享受成年人享有的任何权利，开始拥有选举权和被选举权等。

汉族自古就有成人礼仪，男孩的叫作“冠礼”，女孩的叫作“笄礼”。汉文化是礼仪的文化，而冠、笄之礼就是中华礼仪的起点。为跨入成年的青年男女举行这一仪式，是要提醒他们：从此将由家庭中毫无责任的“孺子”转变为正式跨入社会的成年人，只有承担成人的责任、履践美好的德行，才能成为各种合格的社会角色。通过这种传统的仪式，可以正视自己肩上的责任，完成角色的转变，宣告长大成人。

二、活动开始

（一）成人礼仪式集体宣誓

面对国旗，我庄严宣誓：以虚心对待知识，以恒心对待学习，以诚心对待他人，以孝心对待父母，以热心对待社会，以忠心对待国家，用自己日渐坚实的臂膀担负起必须承担的责任！用勤奋报答父母的汗水；用坚强回馈老师的教诲；用激情创造梦想，赢得灿烂的明天！

（二）学生代表发言

尊敬的各位家长、老师，亲爱的同学们：

大家下午好！

我是邱祺，今天，举行了我们的十八岁成人礼。十八而志，感恩与责任。十八年的风雨路途，在亲爱的家人与敬爱的师长的见证下，我们即将告别稚嫩的岁月，如同即将飞走的蒲公英，在风雨中蓄势待发。人的一生，只有一个十八岁。十八岁，是我们从青涩走向成熟的转折点。我们也将从这里，开始我们新的征程。

世界上很难有那么一种人，他们舍得给你一切，而且愿意一路陪伴着你、支持着你，帮助你到达梦想的地方，却又别无所求。你的快乐幸福就是他们的一切。而这个人，不会是别人，只会是我们亲爱的爸爸、妈妈。今天，是我们的成人礼，最为欣喜的莫过于他们。从我们牙牙学语、蹒跚学步到今天，转眼已过春秋十八度，为人父母者谁不感慨万千呢？所以，在十八岁的今天，我们应该感谢他们给予我们满满的爱和无忧的生活。十八岁的今天，我们还要还父母一份厚重的爱，立志成为父母心中的那个“骄傲”，用实际行动和优秀的成绩来回报他们。在此，请允许我代表全体同学，向亲爱的爸爸、妈妈道一声：“爸爸、妈妈，你们辛苦了！”

父母给予我们生命，老师则塑造了我们的人生。今天，在这个特别的日子里，我们还要感恩悉心教导我们的老师。他们教给我们渊博的知识、做人的道理，他们时而严厉，时而亲切。他们把每一个学生都当作自己的孩子一样，他们希望我们健康成长，希望我们成为有用之才。在我们成长的道路上，老师是我们最亲密的朋友和引领人。亲爱的老师，谢谢你们！

18 岁的青春，花一般的季节，是我们一生中最珍贵的时期。谁与铁衣披风雪，揽月作弓向天张！阳光燃尽所有的原野，而我们站在最后的战场上，怀揣着用尽全力的勇气和爱，向前奔跑，璀璨如日光倾城。今天十八，飞翔的翅膀已在我们的背后悄然张开，你，还在犹豫些什么？

祝各位老师、家长身体健康，工作顺利！祝同学们梦如所想，愿如所望，考进自己理想的大学！谢谢大家！

（三）家长代表发言

亲爱的孩子们：

今天是11月24日，历史上的今天发生了很多重要事件。1642年的今天，荷兰探险家阿贝尔·扬松·塔斯曼成为第一个到达澳大利亚塔斯马尼亚岛的欧洲人。1859年的今天，达尔文的《物种起源》正式出版。1894年的今天，孙中山在檀香山创立兴中会。历史上的今天发生了那么多重要的事件，然而在老师和家长心中，2018年11月24日，有一件比这些更重要的事，那就是你们的成人礼。

我们非常荣幸有机会参加你们的成人礼。成人礼上……（略）

回到班级，回到你们还要奋斗190天的教室，仿佛回到了一个没有硝烟的战场。你们已经是成年人了，我想请有独立决策能力的你们思考三个问题：第一，人一定要受教育吗？第二，教育可以帮助我们获得什么？第三，如何实现自己的目标？也许年轻而意气风发的你们会有各式各样的答案，我作为一个过来人，一个二十多年前已跨入成年人行列的人，在这里想说说自己的看法。

第一个问题：人非生而知之，呱呱坠地时除了基本的生理需求，什么都不会。我认为每个人需要通过受教育学会各种本领。你们经历了十几年的教育，学会了看《古文观止》，读懂晦涩的文言文；学会了各种数学技巧，能计算复杂的几何题；学会了用26个英文字母的多种组合，能欣赏英语美文；学会了变化多样的化学、应用广泛的物理，成为让我们刮目相看的小知识分子。感谢三年前努力的你们，通过努力争取到继续接受教育的机会，进入了实验中学。你们初中的部分同学，可能因为中考失利没有得到进高中的机会。教育是必需的，可是要想获得比义务教育更多的教育机会，需要争取。

第二个问题，教育帮助我们获得了什么？我认为，教育不仅教给了你们知识，还教会了你们思考。你们开始有自己的想法，不再简单听从父母、老师的教导。教育让你们开阔了视野，接触了更广阔的世界，扩展了思想的边界。教育让我们从目不识丁到可以阅读喜爱的中英文小说、演算“烧脑”的理综题，获得极大的愉悦感和成就感。

第三个问题，每个人都会有自己的目标，你们计划怎样来实现自己的目标？成年的你们，要学会规划自己的人生，做自己命运的主人。要知道，努力学习不是为了老师和父母，而是为了自己。今天多付出一点汗水，190天后就可以多一种选择，少几分遗憾。人生在勤，不索何获？与其190天后羡慕心想事成的同学，不如现在为了自己的目标而努力。

成年意味着你们可以独立行使公民的权利，也意味着你们要独立承担公民的义务。相信用比我们更先进的知识武装过的你们，能创造属于你们的辉煌，实现你们的梦想！

（四）祝福成年的学生

（1）新疆学生穿上民族盛装载歌载舞。

（2）家长与学生分组相互交换信函和礼物。

（五）科任老师寄语

恭喜孩子们今天走进成人队伍，咱们今后是一个队伍里的人了，一起学习，一起工作，互帮互助，携手共进，向明年高考进军，夺取人生路上的第一个大奖！（语文老师姜永忱）

艰难困苦，玉汝于成！（数学老师刘威强）

花一般的年龄，梦一样的岁月，愿你们好好地把握，好好地珍惜。用心去学习，用爱去感受，用脚踏实地给自己创造一个无悔的青春！（英语老师倪永亮）

祝愿15班全体同学2019年心想事成！爱拼才会赢！（化学老师万军）

花有重开日，人无再少年。18岁，花一般的年龄，梦一般的岁月，愿你好好珍惜，好好把握，给自己创造一个无悔的青春！（生物老师周蕊莲）

三、老师总结

祝贺同学们跨入了十八岁成人行列！今天你们迎来了自己的十八岁，是你们人生中最美好的年龄！十八岁是青春的象征，你们可以蓬勃张扬，却不要桀骜不驯！十八岁是成熟的标志，你们可以坚韧顽强，却不要倔强倨傲！十八岁是崭新的起点，你们可以奋力激昂，却不要偏离方向！你们有自己的勇气，只有让梦想开花，才能品尝到果实的甜美！你们有自己的理想，激情成就梦想，态度决定未来！同学们，青春年华，为了理想而刻苦学习、努力拼搏！

教后记

感恩、梦想与责任，是我们成人路上必须带上的行囊。父母养育了我们，老师教育了我们，国家培育了我们，我们的成长、成熟、成才、成功都离不开社会大家庭的关心和帮助。修身、齐家、治国、平天下，人人都要常怀感恩之心，树立远大理想和抱负，肩负起建设家园、保卫祖国、振兴中华民族的责任和义务！

附：学生代表发言稿及新疆生家长给子女的信

(一)

尊敬的老师、家长，亲爱的同学们：

大家好！春去秋来，时光轮替，生命仿佛渐次摞起来的稿纸越来越厚实。不细翻，谁也不会注意它曾被涂抹的痕迹。可是今天，当操场尽头的秋风袅袅升起、空中的礼乐悠扬回荡、身后的老师含笑相伴、身旁的父母满眼期盼之时，我突然发现，飞速流转的时光定格了，天地为我们停驻了这一刹那，十八岁，成人礼，像一朵璀璨的鲜花，在今天艳丽地绽放了。

十八岁，意味着什么？

它意味着成熟，我们在这个年龄应当懂得思考人生、解读社会、膜拜心灵深处觉醒的自尊；它意味着独立，我们在这个年龄应当将依赖之心抛诸脑后，做好独自面对各种挑战的准备；它意味着责任，我们在这个年龄应当有为社会负责的勇气，为生活担当的精神。

十八岁，还意味着感恩。

“吃水不忘挖井人”，这是毛主席用来形容人要有感恩之心的语句。我们要感谢父母，他们在我们天真烂漫的成长中，容颜已渐渐衰老；我们要感谢老师，他们在我们绚丽阳光的花季中，身心已渐渐憔悴；我们要感谢学校，它给我们提供了优越的学习环境，促进了我们的成长；我们要感谢祖国、感谢时代；当然我们还要感谢同学、感谢朋友，三年情谊，这是永远都抹不去的美好回忆。成长经历，是每一个人人生中一抹绚丽的色彩。

回头看看这十八年，我记得六岁时，刚上小学，我们背着书包，蹦跳着走在校园的甬路上；十二岁时，学会了用单纯的心灵去触摸世界的多彩，用热情与好奇打开观察世界的多棱镜；十四岁时，开始看夕阳西下，感叹春去秋来和周围的人潮涌动；十六岁时，抱着淡定的心情闲看庭前花开花落，漫随天外云卷云舒，在这样的花季里，懂得了人生的追求；十七岁时，有些彷徨，有些感慨，挫折时常光顾，品尝到了孤独的滋味，当然，也学会了忍受与坚强。

今天，我们走过“成人门”，意味着我们已经变得成熟。我们曾经历过的所有，已在岁月的燃烧中汇成记忆之河，在生活之巅熠熠生辉。它们像熏风中异彩纷呈的阳光碎片，拼凑出一幅画卷，叫作“青春”。记忆的潮水中有黯淡，有温暖，有悲伤，有快乐。而这一刻，我们依然可以微笑着看时光远走。如果说昨天的我们是一只因翅膀柔软而不敢挑战蓝天的雏鸟，那么今天的我们则是一只有着坚硬羽翼的飞鹰。我们的翅羽下多了几分责任与成熟。

然而，未来漫长的生命旅途仍是一个未知数，在远方我们或许跌跌撞撞，但我们已有勇气和信心去面对这一切。只要心中充满信念，充满梦想，就可以一直走下去。

十八岁掀开了我们生命新的一页，磨难和困难是品格的试金石，祝愿大家十八岁的天空如夏花般灿烂。最后祝全体家长身体健康，工作顺利，阖家幸福！谢谢大家！

（二）

亲爱的女儿豆豆：

时间过得真快呀！转眼间你已从天真烂漫的小姑娘长成亭亭玉立的大姑娘了，爸妈心里无比欣慰。昨天得知你们将要组织一场十八岁成人礼，爸妈心里感慨万千，在这个特殊的时刻，我们觉得有必要给我们的女儿留下能够长久回味的寄语。希望我们的女儿幸福快乐地成长！

今年，你已满十八岁了。十八岁！这是多么美丽而神圣的字眼，这是你人生一个新的起点和里程碑，也意味着你在今后的学习和生活中将要独自承担更多的责任和义务。总之，十八岁！我们的女儿长大了，成年了！

还记得你小学二年级写的一篇作文吗？题目是“我的父母”，你当时写道：“我的父亲是个农民，专门种玉米，每天在烈日下辛勤地劳动。我的母亲是一个老板，开了间打字复印店，每天在店里打字，他们供我和哥哥上学，让我们无忧无虑地学习和生活。”从你的作文中，我们深切地感受到，你长大懂事了，因为在你的心中已懂得，不管是农民还是老板，只有辛苦劳动和工作，才能换来美好的生活，同时可以看出你幼小心灵中的感恩之情。

亲爱的女儿，你远在千里之外读高中，在这四年里，你学会了自立、自强、包容、理解、坚强与执着……无论今后你在哪里工作发展，都要感谢学校和老师的精心培养。

随着你的成长，爸妈渐渐老去，岁月流逝，生活艰辛，我们不再奢望发展什么宏图大业，只希望你在以后的生活中能够自食其力，一生平安幸福。

你还有200天就要和千万学子一起步入高考的行列，我们不想你背负过多的压力和负担，我们希望你凭自己的能力考入一所理想的大学，就像从小我们告诉你的一样，只要努力就有收获。希望你再拼搏几个月，取得好成绩。

最后遥祝女儿健康快乐地生活！

青春十八，诗意芳华

王忠容

活动目的

（1）通过成人礼，弘扬民族文化，激励青年人成长，帮助青年人树立负责、仁义、孝廉等正面价值观，培养青年人爱国、奋进的精神品格。

（2）通过成人礼活动，适当排解高三学生的学习压力、疏导关键时期的亲子沟通以及唤醒学生的成人意识及责任意识，让学生明白自己应承担的社会责任，以此铭记青春，向成长致礼。

活动准备

（1）印制邀请函及告家长书，请家长写一封给孩子的“成人劝诫家书”，周日晚上学生返校时交给班主任。

（2）提前邀请家长代表做好在主题班会上发言的准备。

（3）收集班级学生“成长足迹”照片，并制作成视频。

（4）录制班级学生“成人心声”。

活动过程

一、活动导入

在学生从运动场成人礼大会陆续返回教室期间循环播放王铮的歌曲《我们都是好孩子》，制造氛围，带同学们进入班会情景。

二、活动开始

（一）学生配乐诗朗诵《青春十八，诗意芳华》

十八岁的天空/是那样的蔚蓝/欢快的歌声像百灵鸟/清脆明朗/心中像一湖清水/偶尔泛起一丝涟漪/十八岁的梦想很多/总是带着朝气蓬勃/心中总是简简单单/偶尔还会充自己是一个大人/装作一副成熟的样子/做大人做的事情/想证明自己已经长大/十八岁代表一个人即将成年/步入人生的开始/踏入生活的起点/选择

自己起航的目标/慢慢接受生活的考验/慢慢承受脆弱/学会坚强/独自去领略攀登艰险/十八岁犹如一树繁花/青春十八/诗意芳华

（二）“猜猜我是谁”

观看班级学生“成长足迹”视频。

（三）学生代表发言

十八岁的畅想

光阴似箭，日月如梭。

蓦然回首，已过去十七个春秋。

十八岁的青春，我们来了！

十八年，有一盏橘色的灯光从未熄灭，那便是家庭的温暖；

十八年，有两个人却变化得青春不再，那便是父亲与母亲！

是他们，含辛茹苦十八年，白了青丝，看着我长得一天比一天高；

是他们，不计较任何付出，老了皱纹，看着我走得一天比一天远！

你还记得吗？放假的周末，他挤过人群，挥动的手臂已不似当年那样有力。当年的他，让你骑在肩上；而现在，他为了寻找到你的身影，却要踮起脚尖在人潮中张望。当年在他背上的欢愉，如今你已不再需要。他转身，又背起了你求学的行囊。

我永远记得，那次家长会上，成绩的进步被我当作吃大餐的理由，抬头却看到爸爸那饱含泪水的眼睛，充满了感动和欣慰。原来，让他们感到满足的仅仅是我们的进步！

你还记得吗？那次，因一点小事跟爸爸起了争执，你歇斯底里地质问着、抱怨着，你觉得他是天下最专制、最霸道、最不懂你的人，甚至说着“别人的家长何等开明，而我怎么摊上了这么个爸爸”。可是，你可看到——他那呆呆的双眼、木木的表情，连话都说不出口——在外顶天立地、从不屈服的男子汉，对自己的孩子怎么就束手无策了呢？

妈妈，我永远记得，在那个寒冷的夜晚，你抱病悄悄溜到我的房间，帮我压好被角；你出门时蹑手蹑脚，像极了一个小偷。妈妈，你可知道，你那深情的一吻，让我再也抑制不住满眼的泪水。我知道，我才是那个偷走了你的青春，却还让你一天一天牵挂的人啊！

对不起，爸爸！我曾任性地和你吵架，当着你的面，摔门而去。但我已经看到你微驼的背了。因为你要把自己的儿子扛起，让他顽强刚毅、顶天立地！

对不起，妈妈！我曾任性地和你赌气，不吃不喝，让你生气着急。但我已经看到你粗糙的双手了。因为你要把自己的女儿托起，让她不畏风雨、亭亭玉立！

我想，如果有一天你老了，走不动了，那就让我用毅然坚实的臂膀背起你们，带你们去你们向往的地方。

如果有一天，你们的眼花了，只能用手无力地滑过我的脸庞，那就让我做你们的眼睛，为你们在黑暗中寻找光明。

今天，在我十八岁成人之际，请允许告别了幼稚与任性的我，道出自己的肺腑之言。

今天，在我十八岁成人之际，请允许懂得了回报与感恩的我，说出内心深藏的话：爸爸、妈妈，我爱你们！

最敬爱的老师，我怎能忘记，我因有严重的“瘸腿”科目，考试后，您总是细心地找我分析原因，给我提供好的学习建议，我内心无比温暖。

看到您，我们才明白，什么是俯首甘为孺子牛；看到您，我们才明白，什么是默默奉献、甘为人梯！

真真正正地接受过您的爱，我们才知道什么是全心付出、什么是不求回报。

真真正正地爱过您，我们才知道：原来父母之外，您是我们最亲的亲人。今天，在我十八岁成人之际，请允许不再年少轻狂的我，对您表达深深的敬意！今天，在我十八岁成人之际，请允许学会知恩图报的我，对您说出内心的感激：老师，谢谢您！

昨日，亲人是我们的港湾；明日，我们将是亲人的航班！

昨日，老师是我们的双臂；明日，我们将是老师的翅膀！

昨日，祖国是我们的土壤；明日，我们将是祖国的栋梁！

向着青春的最高点，向着时代的最亮处，向着梦想的最终回，向着理想的最巅峰，向十八岁的青春宣告：我们来了！

（四）播放班级学生“成人心声”

播放后，家长代表发言。

（五）学长寄语

播放学长对学弟、学妹的寄语视频。

（六）全班同学起立朗诵梁启超的《少年中国说》

使举国之少年/而果为少年也，则吾中国/为未来之国，其进步/未可量也。使举国之少年/而亦为老大也，则吾中国/为过去之国，其澌亡/可翘足而待也。故今日之责任，不在他人，而全在我少年。少年智/则国智，少年富/则国富，少年强/则国强，少年独立/则国独立，少年自由/则国自由，少年进步/则国进步，少年胜于欧洲/则国胜于欧洲，少年雄于地球/则国雄于地球。红日初升，其道大光。河出伏流，一泻汪洋。潜龙腾渊，鳞爪飞扬。乳虎啸谷，百兽震惶。鹰隼试翼，风尘翕张。奇花初胎，矞矞皇皇。干将发硎，有作其芒。天戴其苍，地履其黄。纵有千古，横有八荒。前途似海，来日方长。美哉/我少年中国，与天不老！壮哉/我中国少年，与国无疆！

三、老师总结

同学们慷慨激昂的朗诵点燃了青春不灭的激情与责任，我听到了你们对成年的渴望，也听到了你们对自己、对家庭、对社会的责任之声。十八岁，人生最美好的年纪，花开不败，希望你们谨记前人的鞭策，铭记父母、老师的教诲，从此以后成为一个有理想、有担当、充满向上动力的成年人，青春十八，诗意芳华。

教后记

成人礼具有现实针对性，尤其对于高三学生来说有重要的教育意义。十八岁意味着成人，是人生的转折点，是一个人确立自我、走向社会、发展自我的关键时期，在人生发展中具有决定性的意义。本次主题班会，学生代表的发言很有深度，体现了“00后”身上的公民意识与责任意识，让老师、家长和同学深受感动。部分学生家长写的“成人劝诫家书”既有高度又有深度，使学生和参加班会的家长颇有触动。

奇妙的记忆力

张　阳

活动目的

（1）从心理学角度使学生了解记忆的过程和影响记忆的因素，促进学生养成科学的记忆习惯。

（2）运用记忆规律，有意识地提高学生的记忆效率。

活动准备

（1）搜集心理学中关于记忆力的研究资料，并发给学生阅读。

（2）准备记忆力测试题目。

活动过程

一、活动导入

学生观看视频《最强大脑》。

主持人甲：同学们，平时我们非常羡慕聪明的人，你们是否知道，一个人聪明与否，与记忆力有很大的关系。今天我们一起来揭开记忆的神奇面纱，学习怎样增强记忆力，并通过训练增强记忆力，来改变自己的命运，甚至改变世界。

二、活动开始

（一）从心理学角度阐释：记忆是如何工作的

主持人甲：很多人把记忆比喻为储存信息的仓库，其实不然，记忆是一个活跃的系统，从事着接收、储存、组织、改变和恢复信息的工作。记忆包含三个不同的阶段，分别是感觉记忆、短时记忆和长时记忆。来自环境的信息首先到达感觉记忆，如果这些信息被注意，它们则进入短时记忆，正是在短时记忆中，个体把这些信息加以编码，存入长时记忆。

主持人乙解释：在几秒钟甚至更短的时间内，我们听到、看到的东西都可以精确地保存在感觉记忆中，通常情况下我们意识不到感觉记忆的存在。其功能是使信息都能被送到短时记忆中。短时记忆可以储存一部分信息，我们也可以意识到短时记忆那十几秒的时间，你现在所意识到的一切正处于你的短时记忆中。短时记忆的内容能够以图像形式储存，但更多时候是以声音形式储存，特别是储存单词和字母时。短时记忆加工的重要或有意义的信息会被传送到长时记忆。长时记忆保存着你所知道的所有东西，从蚊子到熊猫，从数学到电视剧，从事实到幻想，长时记忆的储量几乎是无限的，事实上你知道得越多，新的信息就越容易进入你的长时记忆。

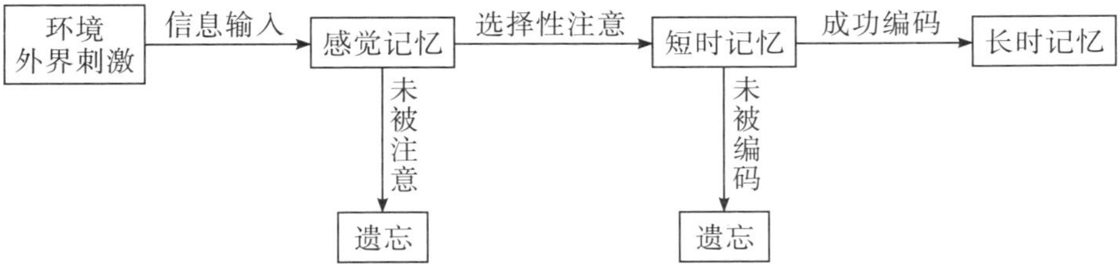

图1　记忆的过程

讨论1：上述知识给了我们什么启示？

（二）让学生了解自己的记忆力情况

主持人甲：你们想不想了解自己的记忆力如何？请看我即将出示的材料，上面有三行数，每行 12 个。你可任选一行，在 1 分钟内读完，然后把那些记住的数写出来，顺序可以颠倒。

（1）出示数字材料。上面的数是：

63、85、34、27、59、48、92、47、12、75、28、41

76、29、59、24、67、19、83、49、23、91、12、46

58、62、87、93、25、98、28、32、45、16、73、51

（2）让学生读 1 分钟。

（3）让学生默写。

（4）记忆自测结果评价。

如果把每一行中的 12 个数都正确地写了下来，记忆力是惊人的；如果能写下8 ~9 个数，记忆力比较优秀；如果能写下 4 ~7 个数，记忆力只能算一般；如果写下的数为 4 个以下，则记忆力很不理想。

（5）启发同学讨论，理解什么是记忆力。

主持人乙归纳：记忆力是过去经历过的事情，其印象仍保留在头脑里，又能根据需要提取出来的能力。

（三）短时记忆的容量

活动 1：现在请同学们读下面这组数字——8517493，只能读一遍，然后马上把这些数字按顺序写下来。

这是数字记忆光度测验，是一种注意力和短时记忆容量的测验，如果你能正确重复这 7 个数字，说明你有正常的短时记忆能力。

活动 2：下面再试一组，618354291634。

这组数字会超出一般人的短时记忆容量。心理学家发现，短时记忆容量是有限的，信息单位是比特（bit），而人的短时记忆总与 7 这个神奇的数字有关。1 比特是一个独立有意义的信息单位。

活动 3：下面再试一组，110112114119。

这一组数字有 12 个，你为什么记住了呢？因为你把他们分组了，每三个数字是一个有意义的信息单位，这组数字实际上只占用了短时记忆的 4 比特。

讨论 2：怎样扩大短时记忆的容量？

（四）长时记忆的特点

主持人乙：还有同学记得我们刚才活动的第一组 7 个数字吗？还有同学记得我们测试的最后一组数字吗？

第一组数字你几乎一个都不记得，第三组数字却记得很清楚，难道是因为相隔了几分钟吗？肯定不是。为什么会这样？

因为短时记忆中的内容很快会变弱并消失。虽然我们可以通过无声的复述延长短时记忆，但是复述被打断时，短时记忆就有可能永远消失，就如同你记一串号码，突然有人和你讲话，你说完后，就不记得那组数字了。而第三组数字，你再读的时候，经过了分组和精细加工，并且赋予了数字意义，你的编码成功了，你记住了它！所以学习过程中，对内容不断分析、消化和扩展性思考，这样记忆效果会更好。

讨论 3：如何增强长时记忆的效果？

（五）遗忘的规律

主持人甲介绍艾宾浩斯（Hermann Ebbinghaus）绘制的记忆遗忘曲线。

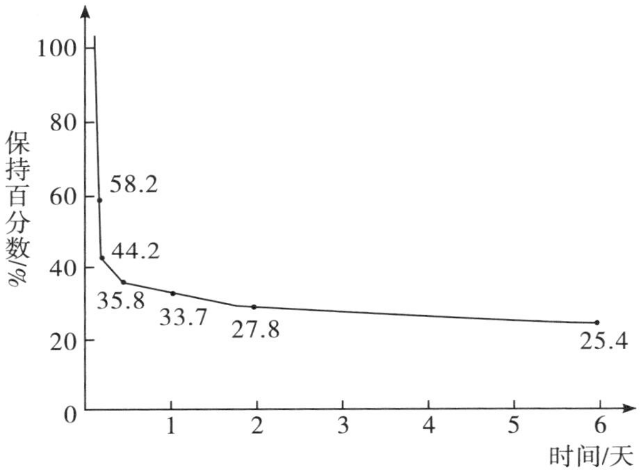

图 2　艾宾浩斯遗忘曲线

表 1　不同时间对应的记忆量

时间间隔	记忆量（%）
刚刚记忆完毕	100
20 分钟之后	58. 2
1 时之后	44. 2
8 ~9 个小时后	35. 8
1 天后	33. 7
2 天后	27. 8
6 天后	25. 4
一个月后	21. 1

活动 4：讨论及时复习的必要性。

（六）记忆术的简单介绍

主持人甲：对于一些没有关联的内容，我们也不一定非得死记硬背，下面就抛砖引玉介绍几个小方法。

1. **联想记忆法**

下面是一组词：面包、围裙、可乐、屋顶、气球、鲜花、咖啡、美酒、西瓜、鞭炮、围巾、羊肉串。

将这12个没有联系的词语通过联想的方式联系起来，笔插在面包上，鸭子系着围裙，向耳朵里罐可乐，旗子飘在屋顶上，钩子扎破气球，口哨吹出鲜花，用镰刀搅拌咖啡，葫芦里倒出美酒，用勺子吃西瓜，用棒球挂着放鞭炮，用筷子织围巾，婴儿吃羊肉串。（重复3次）联想越夸张越好。你会发现，你可以顺着背出这些词，也可以倒着背出这些词。

2. **谐音法**

比如，八国联军“俄、德、法、美、日、奥、意、英”谐音为“饿的话每日熬一鹰”。

3. **形象法**

比如，马克思诞生于1818年5月5日，怎么记效果好？你可以形象化地想成：从马克思诞生，一巴掌一巴掌（1818年）打得资产阶级呜呜（5月5日）直哭。这样既形象又谐音，一下子就记住了。

4. **附会法**

该记的东西本没这个意思，我们硬给它附会上这个意思。比如，富士山海拔12 365英尺，我们硬把富士山说成“两岁”的山——前两位数看成12个月为一岁，后三位数看成365天为一岁。一下子就记住了。

活动5：课堂小测试。

（1）快速记忆我国的四大牧区：内蒙古、新疆、青海、西藏（内、新、青、西＝内心清新）。

（2）快速记忆数字5288518879829（我爱爸爸，我邀爸爸去酒吧喝酒）。

（七）活动小结

主持人乙：通过学习，我们知道在掌握记忆规律的基础上，再进行记忆训练，是可以增强记忆力的，记忆方法要灵活运用。以下是记忆的十个要诀，供同学们参考。

背诵——记忆的根本　　理解——记忆的基础
趣味——记忆的媒介　　应用——记忆的动力
卡片——记忆的仓库　　争论——记忆的益友
重复——记忆的窍门　　联想——记忆的捷径
简化——记忆的助手　　整理——记忆的措施

三、老师总结

今天我们讲了记忆的过程，也介绍了一些增强记忆效果的方法。希望同学们能从中找到最适合自己的方式。无论是哪一种方式，其核心都是要将需要记忆的内容与知道的信息进行联系。也就是说，我们提高记忆效率的关键是精细加工，多思考，多问为什么。此外，为了避免遗忘，我们应该及时复习记忆的内容。希望同学们通过这次班会，调整学习方法，提高学习效率。

教后记

心理学原理案例的分享和尝试的过程是愉快而短暂的，学生最终实现将记忆规律持续性地应用于学习生活中，往往需要后续活动来巩固，如不同科目知识的记忆比赛。无论使用哪一种记忆方法，归根结底需要学生适时地复习巩固知识，做到灵活运用。

二轮复习有方法

张　博

活动目的

（1）帮助学生平衡各科的复习时间，不偏科，尽量不留弱项。

（2）帮助学生保持充分的练习量，但不陷入题海式盲目填塞，通过练习巩固基础、提高运用技能的能力、提升思维方式。

（3）引导学生优化调整备考、临考心态，合理制订适合自己的复习和学习计划。

活动准备

（1）调查和了解同学们第一轮复习方法、复习计划、应考心态。

（2）搜集二轮复习方法较好的经验介绍。

活动过程

一、活动导入

全班同学歌唱《隐形的翅膀》，调动活动气氛。

主持人：同学们，春天来了，花儿开了，正是我们奋斗的好时节。我们一模考试取得了比较满意的成绩，但班级的学习效率还有待提高。我们还有时间来奋斗，六十多天足以让我们去改变，我们也能改变。在接下来的时间进行二轮复习，在高强度的学习里，我们还得保持清醒的头脑，认清自己该走的路，并且要走得更踏实。高三的一轮复习是量的积累过程，二轮复习是质的飞跃过程。我们的二轮复习口号是“让优秀科目强大起来，让薄弱学科全力提升”！

二、活动开始

主持人：二轮复习是高三复习的爆发期。其功效表现为：其一，我们会在原有一轮复习的基础之上，对基础知识进行巩固和提炼。其二，应试水平，如审题技巧、答题技巧、应试心理素质、临场发挥经验等得到进一步提升。其三，答题的规范性得到增强。其四，查漏补缺。成功的二轮复习将会使我们的成绩大幅度提高，反之，则会徘徊不前，甚至下滑。因此，我们要高度重视二轮复习，并力争实现二轮复习应起到的重大作用。

（一）学会反思

1. 反思过去一轮的学习中遇到的这些问题

（1）每次到考前才紧张，考完后又有点松懈，不知道该复习哪些东西。

（2）没有什么计划，每天疲于应付作业，没时间做额外的练习。

（3）综合科目没做过模拟试题，做题速度慢，会而不对，对而不全，考试基础题失分，大题不会做。

2. 认识自己的问题

（1）努力，但并未全力以赴。

（2）没计划，不能合理安排时间，学习效率低。

（3）题量少，没有通过模拟题来提升速度与感觉，从而发现自己的缺漏，及时复习与强化。

（4）不总结，不研究做题方法，不在平时练速度与技巧。

（5）关注分数，心理负担大，忘了考试就是要把题做好。

3. 高考成功的基本条件：实力 + 心态 + 方法

实力问题：本一离我们多远？

3 +5 +2（容易题、中档题、难题）

我们的目标：立足3 +5，抓住中档题，抢难题

750 ×80% =600

（语：110　数：125　英：125　综：190　基能：50　总分：600）

2017 年高考

理科本一线 485，本二线 326

文科本一线 517，本二线 392

（二）二轮知策略

1. 认识高三的爆发期特点

爆发期：三个月（3—5 月）。

高三的一轮复习打好基础，是量的积累过程，如果做好了一轮复习量的积累，二轮复习就可能出现质的飞跃。一些平时成绩一般的学生经过一轮复习之后，到了二轮复习，成绩就可能大幅提高。

2. 二轮复习的目的

对于高三二轮复习来说，要达到三个目的：

（1）全面从基础复习转入重点复习，对重点和难点进行提炼和把握。

（2）将一轮复习的知识应用到实战里去，将已有的知识转化为自己的解题能力。

（3）把握各题型的特点和规律，把握解题方法，初步形成应试技巧。

3. 二轮复习的作用

其一，通过专题复习，能将知识系统化，有利于知识的巩固与提升。其二，通过专题和综合测试训练，有利于提高基本能力和综合能力。其三，能提高应试水平，如审题技巧、答题技巧、应试心理素质，积累临场发挥经验等。其四，能增强答题的规范性。其五，能查缺补漏等。

如果说一轮复习是迎考的基础，那么二轮复习则是关键。

4. 二轮复习策略

巩固：及时巩固一轮复习成果，把巩固三基（基本知识、基本方法、基本技能）放在首位，强化知识系统和记忆。

完善：通过二轮复习，查漏补缺。进一步建立学科思想，不断总结完善知识规律、方法应用等体系。

综合：在课堂做题和课外训练中，减少单一知识的试题，增强知识的灵活性和试题的综合性。

提高：进一步提高对问题的阅读和概括能力、复习问题和解决问题的能力。

（三）二轮有方法

该阶段有以下做法：

（1）落实计划与目标。（作业 + 模拟题 + 复习强化）

（2）“吃透”每一本复习资料和教材。

（3）提高做题速度，掌握做题技巧，减少做题失误，做到会而对、对而全。（速度 + 数量，总结 + 提高）

（4）最好的试题：高考题（近三年）和错题。错题集整理必须及时、有效。

（不贪多，一步一个脚印；不应付，整理对你来说是最有用的）

养成每日回顾错题的习惯，像吃饭、睡觉一样不做不行的习惯。二次过关题、错题重做是本学期的重中之重！

（5）高效的课堂；自觉的课间；充实的自习；备忘录的利用。

（6）增强时间观念。二轮复习到四月底，时间稍纵即逝，要有只争朝夕的紧迫感。时间是学习积累的过程，时间就是成绩。学生要加大课余学习时间的投入，要有课余时间与课上时间同等重要的观念，记住爱因斯坦的那句话："人与人间的最大差异在于业余时间。"

（7）舍去的背囊。舍去自私、舍去虚荣、舍去侥幸、舍去埋怨、舍去懒惰、舍去浮躁、舍去诱惑、舍去狭隘。

（8）注意加强三个方面的训练。

①加强读题、审题和信息处理能力的训练。

②加强解题思维方法和思路的指导和训练。做题要求：不做则已，做必到位，泛泛而做，不如不做；质量优先，以质求量，正确无误，快速规范。

③加强文字表述基本技能的培养和训练。

（9）加强反思出效益。

反思包括：①对审题的反思。②对知识的反思。③对突破口的反思。④对解题过程的反思。⑤对解题规律的反思。⑥对解题方法多样化的反思。⑦对试题变形、变化的反思。

（10）提高模拟训练效果。

明确模拟训练的目的：老师在知识、方法、策略上进行系统的训练和检测，强化重点知识和方法，学生在平时练习中就考试技巧、考试方法进行训练，学会合理安排考试时间，达到既快又对的目的，严格有规律地进行限时训练。先练后看答案，力争"问题不过夜"。

提高心理素质，能够在任何情况下保持平衡心态，保证大脑对题目的兴奋度。

（四）60 天也能创造奇迹

考好大学意味着：看不完的书，做不完的题，考不完的试。

考好大学意味着：休息时脑海里仍不断涌出化学反应，睡觉时嘴里呢喃着一个个英语单词。

考好大学意味着：汗水、泪水、希望、失望。

考好大学意味着：只有不屈不挠，才能换来明日辉煌。

每周时间安排方案建议：点（知识专题）、线（题型专题）、面（综合训练）三维有机整合。做综合卷一份、选择题两份、微型卷一份、专题卷三份。

主持人：最后，我们要对自己有充分的自信，让我们一起大声喊出："圆梦高考！我仔细，我得分！我规范，我高分！”

三、老师总结

二轮复习是我们对高中学习的一次总结和升华。希望大家在老师和学长的建议的基础上，继续探索总结，形成行之有效的学习方法，建立脉络清晰的知识体系，为前行插上腾飞的翅膀。

教后记

二轮复习是在一轮复习的基础上，对每科每章的知识点进行归纳总结，使之条理化、网络化。不是每个学生都能做到对所有知识点的适用范围有清晰的了解，大致明白哪些知识点常联系在一起。在班会有限的时间内，学生对二轮复习方法的体会是肤浅的。只有借助学生中的骨干力量，发挥学生之间相互影响的作用，借主题班会将二轮复习中的学习思考的方法贯穿到日常生活中，学生才能真正做到及时查漏补缺、总结经验、吸取教训，从而在二轮复习中实现融会贯通。

与压力握手

宋　蕾

活动目的

（1）通过看录像、听录音、阅读材料、讨论等系列活动，使学生懂得压力无时无刻不存在于我们的生活和学习当中。正确认识自己所背负的压力，初步形成主动磨炼自己的意识。

（2）通过主题班会活动，让学生学会适时减压，化压力为动力，给高三后期备考减压减负，轻松应考。

活动准备

（1）开班会前，开展一系列教育活动作为班会的前期铺垫：搜集生活中关于不同压力的故事等资料；分析压力和动力的关系。

（2）将儿歌《蜗牛与黄鹂鸟》的歌词内容改编为话剧，布置学生课前排练；提前将班会主题告知学生，要求学生对“如何对待压力”先做一定的思考。

活动过程

一、活动导入

主持人：现代社会迅速发展，在生活和学习中，我们面对着各种各样的压力，如升学压力、家长期望、自我期望等。如何正确对待压力、培养自强不息的意志力、提高自己的抗压能力，是我们不可忽略的一项人生技能。

二、活动开始

（一）故事引入

蜗牛到达金字塔顶，主观上是凭它永不停息的执着精神，客观上应归功于它厚重的壳。正是这看上去笨重的壳，让小小的蜗牛得以到达金字塔顶。在登顶过程中，蜗牛的壳和鹰的翅膀，起的是同样的作用。

可是生活中，大多数人只羡慕鹰的翅膀，很少在意蜗牛的壳；就像我们羡慕别人能有某种天赋或特长而获得某些成就，却整天埋怨自己身上要背负太沉重的“壳”。

（二）提出问题

主持人：那么我们身上背负的“壳”到底是什么呢？（学生讨论回答，教师稍作归纳）

主持人：这“壳”能够搁下吗？（明确：人要生存就必然担负着许多责任和压力）

（三）学生讨论

主持人：我们要如何背着“壳”前行呢？

观看话剧《蜗牛与黄鹂鸟》，并要求学生由此得出启示，归纳出自己的答案。

（四）活动启示

教师在学生发言后，用幻灯片展现两个小故事，并要求学生在故事中得出启示。

美国伟大的励志成功大师拿破仑·希尔讲过这样一个故事：赛尔玛陪丈夫驻扎在一个沙漠中的陆军基地，丈夫经常外出演习，她一个人留在陆军的小铁皮房子里，奇热无比，又没有人和她聊天，周围都是不懂英语的墨西哥人和印第安人。

她很难过地写信对父母说：“一心想回家去……”她的父亲给她回了一封信，信中只有两行字，但这两行字永远留在她的心中，并改变了她的生活。这两行字是什么呢?

“两个人，从牢中的铁窗望去，一个看到泥土，另一个却看到了星星。”从此，赛尔玛决定在沙漠中找到自己的星星，她观看沙漠的日落，寻找到几万年前留下的海螺壳。

她和当地人交朋友，互送礼物。她研究沙漠中的植物、动物，又学习有关土拨鼠的知识，她把原来认为最恶劣的环境变成了一生中最有意义的冒险，并出版了《快乐的城堡》。她从自己的“牢房”中望去，终于望到了自己的星星。

启示一：背着“壳”前行，要有积极的人生态度。

一天，某个农夫的一头驴子不小心掉进一口枯井，农夫绞尽脑汁想办法救出驴子，但几个小时过去了，驴子还在井里痛苦地哀嚎着，无奈之下，农夫决定把枯井填上。

当泥沙落到驴子的背上时，驴子停止了哀嚎，把背上的泥土抖掉，站到了上面。就这样，它居然一步一步地走出了枯井。

在生命的旅程中，有时候我们难免会陷入“枯井”，会有各式各样的“泥沙”倾倒在我们身上，而想要从“枯井”中脱困的秘诀就是：将“泥沙”抖落掉，然后站到上面去！那原本是埋葬驴子的泥沙，被它抖落到脚下，变成了走出困境的阶梯。

启示二：背着“壳”前行，要有主动在艰苦环境中锻炼自己的意识。

（五）活动小结

主持人：同学们，今天我们学习了很多压力和动力方面的知识。作为高中生，我们要正确处理好压力和动力的关系，将压力化为生活学习的最佳动力，积极向上，发挥自己的潜力，使自己更上一层楼。

播放周杰伦的《蜗牛》，全班同学合唱。

三、老师总结

亲爱的同学们，人生是一个背着“壳”前行的过程。不管“壳”有多重，希望同学们能够像蜗牛那样，化压力为动力，凭借自己的执着和毅力，爬上自己心中的金字塔。所以，当一个巨大的“鸭梨”摆在你面前时，让我们把它放在冰箱里变成“冻梨”吧！

教后记

随着社会的进步和当今知识文化的不断更新发展，现代高中生所承受的压力越来越大，如果无法正确舒缓自己的压力，学生在日后的学习生涯中会面临更多的困难，有些学生因抗压能力不强导致厌学、逃学现象的发生，更有甚者背负过大的压力而产生了轻生的念头。这些负面的情况不得不引起我们的深思，了解和关心高中生对压力的态度和看法有助于学生进一步提高自己。高考前开展的这次班会，对于学生减压减负，效果很明显。

勇敢挑战，决胜高三

闫德千

活动目的

（1）通过观看有关大学的视频、阅读案例与思考、讨论等活动，让学生认识到求学道路虽然艰难，但如果不断努力，前途是光明的。

（2）减少学生对高三学习的畏惧感，重拾备考的信心。

活动准备

（1）在班会开展前一段时间，通过写周记，搜集一些优秀学生刻苦学习的事例、全国著名大学相关纪录片，为班会做铺垫。

（2）搜集关于高三信心教育、挫折教育、心理疏导方面的音频和文字材料，并制作“应对挑战与挫折的方法”调查问卷。

活动过程

一、活动导入

主持人：高三，我们都展开理想的翅膀向往着美好的未来，但人生的道路往往迂回曲折、坎坷不平。生活的大海并不是风平浪静的，海面上有惊涛骇浪，水里有旋涡暗礁，而我们只是一个不熟练的水手，缺乏经验，这些都会阻碍我们向前进发的人生航船。那么怎样才能直面挑战，最终实现自己的高考目标，进入理想的大学呢？下面我们就来谈谈有关高三挑战与机遇、理想与现实的那些事。

二、活动开始

（一）你的理想是什么

主持人：一个人的理想就如人生航途中的导航灯，直接引导着他的人生方向。树立正确的价值观，明确具有意义的人生理想，对青少年本身和社会都有很重要的影响。那么你的理想是什么呢？如果自己的理想还很模糊，那么就看看一些名人在年轻求学时所怀有的理想是什么吧！（主持人通过幻灯片播放毛泽东、周恩来、陈景润立志为国的故事）

（放完幻灯片）主持人：毛主席、周总理、陈景润都是被世人推崇的“巨人”，虽然在他们年少时，中国处于一个“积贫积弱、国将不国”的乱局，他们却能树立远大理想，最终成就非凡。那么大家呢？现在就让我们进行话筒传递活动，让大家畅谈理想。

主持人组织话筒传递，由学生自愿畅谈自己的理想。

主持人：或许你不敢确定自己的理想是什么，那么至少你应该尽快确定自己高三的理想，即你所期望进入的大学。大学对我们来说是陌生的，大学究竟是什么样的呢？现在就让我们一起来观看一段纪录片——《中国著名大学之中山大学》。（学生观看视频）

主持人：通过这个视频，大家是否对大学有所了解？这是否能为你确定自己的升学目标提供参考呢？（学生自由讨论、发言）

主持人：好，既然大家有这么多的体会，希望班会结束后，大家能够在周记本上认真地写下自己的理想。

（二）高三的挑战

主持人：高三的学业是繁重的，内容相对枯燥，需要大量的、反复的练习，“三高”（高难度、高强度、高速度）是高三的突出特点，这也让我们每个同学感觉“亚历山大”，那么你在高三所遇到的最大挑战是什么？你是否想过怎样应对这些挑战呢？下面让我们看一段视频。（播放纪录片《高三》的部分片段）

主持人：这个视频是否能让大家对高三的经历有同感？是否有同学愿意和大家交流你作为一名高三学生的感受？（学生自由发言）

主持人：大家踊跃地分享了自己的独特体验，这些同学诉说的高三的挑战，也往往是我们要面对的。那么直面压力，我们该如何应对呢？下面请我们班的××同学和大家分享他的经验。

主持人：高三的压力如影随形，通过大家的讨论，以及××同学与大家分享的经验，我们是否能够总结出一些面对高三挑战的对策呢？

（三）高三挑战小对策

主持人：面对挑战，首先应该树立信心，我们要做到“五不要”，即不要怕、不要逃避、不要颓废、不要绝望、不要不能自拔。那么，什么才是在这场挑战中胜出的保障呢？（学生自由回答）

主持人：对，是科学的方法。那么，有哪些方法能让我们勇敢面对挑战呢？下面就和大家一起分享问卷中的精华。（主持人播放幻灯片，总结方法）

主持人：看来面对高三的挑战，应对之道还是很多的，下面请大家一起合唱《我的未来不是梦》，来为自己鼓劲、加油！

（四）活动总结

主持人：高三虽然一路荆棘、挑战重重，但相信只要我们紧密团结、共同努力，一定能战胜困难，实现自己的大学梦。

三、老师总结

亲爱的同学们，哲人说："蕴藏于人身上的潜力是巨大的，他能胜任什么事情，别人无法知道，若不动手尝试，他对自己的这种能力就一直蒙昧不察。"希望你们不畏艰险，一路披荆斩棘，斗志昂扬地走过高三。这一路上老师会与你们朝夕相伴，做你们的倾听者、领路人，希望大家都能在明年的高考中取得理想的成绩，最后送大家两句话："长风破浪会有时，直挂云帆济沧海！"

教后记

高三学业繁重、压力巨大，自信和勇气是支撑学生度过这一年的强心剂，但在大量的作业、频繁的考试面前，由于成绩不理想、对未来定位模糊，很容易让学生逐渐在备考的路上迷失自我，丧失坚持学习的信心和勇气。通过本次主题班会，让高三学生学会理性看待求学过程中的困难与挫折，重拾信心，勇敢面对高三的挑战，树立清晰的奋斗目标，收到了良好的效果。

化解"学习高原反应"

王为文

活动目的

（1）让学生了解什么是"学习高原现象"，科学认识心理活动，积极应考。

（2）培养学生良好的心理素质，让学生心理减压，轻松走进考场。

活动准备

（1）搜集相关图片、视频和文字材料。

（2）黑板上写与主题活动相关的宣传标语。

活动过程

一、活动导入

制作视频并播放，营造氛围，创设情景，进入课堂。

二、活动开始

（一）认识“学习高原现象”

在总复习初期，每个学生都很有信心，学习效果也较明显，但一段时间之后，成绩就很难有较大提高，甚至忽高忽低、沉浮不定。有的同学的复习效果逐步减退，甚至停滞不前，头脑昏昏沉沉，什么事都不想干，看不进书也记不住内容，性情易急躁烦闷，这就是心理学中所说的“学习高原现象”。

（二）分析“学习高原现象”的表征

（1）较易出现“学习高原反应”的人群：“学习高原现象”主要体现在那些性格内向、成绩特别优秀的学生身上，因为以前他们是优秀的学生，平时得到更多的是成功以及因此而获得的表扬，这也造成他们面对失败时承受力较弱。当成绩出现第一次下滑时，他们会奋力赶上；但如果连续出现两次考试成绩下滑，他们就会表现出过度焦虑、丧失信心的“学习高原现象”，严重影响了他们正常的复习进度以及今后能力的发挥。

（2）你是否有过越是学到后期，成绩越不理想的情况？

（3）你是否出现过在复习过程中，某一节自习课突然大脑一片空白的情况？

镜头一　小军，男，高三理科班学生，高一、高二时是一个学习不算用功，但颇具潜力的学生。进入高三后，他全身心投入学习中。可是，暑期结束到现在，一个多月了，每次考试都排在班级二十几名。这样的成绩，想进重点大学是很困难的。家人着急，他自己也“头悬梁、锥刺股”，每天熬到深夜。可是成绩并不呈上涨势头，而且他一拿起书本，头就“嗡嗡”直响，听课时也莫名其妙地走神，注意力集中不起来，好像有劲却怎么也使不上。他怀疑自己的潜力已挖掘殆尽，觉得自己快要崩溃了。

镜头二　小玲的自述：高三了，莫名的恐惧感一直伴随着我，使我郁闷、烦躁。我总在想：万一高考失败了，我可怎么办？我怎么对得起关心我的老师和父母？这些想法使我一直都想逃避。晚自习时，我总想回寝室，那里安静，那里自由，那里没有我不愿看到的东西。我坐在教室里，看到我的同学都在认真学习。而我呢？无所事事，坐着也是浪费时间，搞不好还会影响别人，罪恶感突然就冒出来了。高三了，我每时每刻都在想，该好好学习了，可我就是无法静下心来。

（三）如何克服“学习高原现象”

由一位学生主持，对成绩优秀的学生进行采访。

这是本主题的核心内容，通过五位优秀学生对自己的学习经历的回顾与反思，既让优秀学生自己对学习过程、学习方法、学习心理获得一个理性认识过程，提高自己的学习效率，更让其他同学从中汲取好的学习方法，科学认识到自己的学习心理，从而更好、更快地提升学习成绩。

说明：事先和做主持的学生一起探讨访谈的内容，尽可能引导被采访者说出自己的心里话，让其他学生能有所借鉴。设置以下几个问题：

（1）你们遇到过学习停滞不前的现象吗？回顾一下，让大家更深入地了解你。

（2）你是如何走过那段时期的？是求助于老师还是自己阅读相关书籍，或是你自己从生活中获得顿悟？

（四）归纳克服“学习高原现象”的方法

（1）这类学生应该学会用放松疗法，并记住：不要过多注重结果，要把精力放在学习过程上。如果过程很完美，结果一定差不了；但如果过程很糟糕，结果一定好不了。对自己、对老师要有信心，跟着老师的步伐走，方法得当，心态平和，这是解决“学习高原现象”的良药。

（2）合理地利用时间，不骄不躁地把课本知识先吃透，否则后面想提升都不可能。认真地做好每一道题，并且做好笔记，总结问题，哪怕是一点小问题解决不了，都应及时请教老师和同学，学会举一反三。识记每一个知识点，找出难点、疑点、重点。买本《五年高考，三年模拟》来强化知识点，在基础扎实的前提下，再做《高考一号文件》或者《天利 38 套》，以提升你的整体知识点。当然不可盲目地苦学，要给自己制订一个学习计划，持之以恒，按每天进步 0.5 分，算算你能进步多少？

（3）制订一份详尽的计划。

①激励自己，增强信心。要知道这是一种正常现象，如同运动员在长跑中会出现“极点”一样，只要再坚持一下，这种感觉就会消失。

②查漏补缺，及时弥补。有的学生原来基础不好，有许多知识点没有弄清楚，有缺漏、差的情况，在总复习中如不能及时补上，则日积月累，不能自拔，如有“欠债”则要有计划清理。

③调节好精力，合理使用。有些学生的学习方法不科学，靠死记硬背的“疲劳战术”，有时会出现“老和尚念经，有口无心”的情况。

④要合理安排好时间。特别是早晨、中午、下午放学以后与晚上这四个时间段，具体来说，以早晨用于早读与预习、中午休息、下午整理消化当天复习内容、晚上系统复习为好。

⑤上课要集中精力，专心听讲，眼、耳、手、脑并用，积极思考。在听懂的基础上适当做些笔记，不懂的在课后向老师请教，及时补上。

⑥适当重复、强化，即所谓“过度学习”，在基本已达到复习目的的基础上，以增加二分之一的量为佳。无节制的重复、强化也会使人感到枯燥无味，影响学习兴趣。

⑦若复习内容短、内容孤立，可一鼓作气，从头到尾采用“整体学习法”；若复习内容长、内在规律较明显，可逐步复习，各个击破，采用“部分学习法”。

⑧进行“选择性遗忘”，即记重点遗忘枝节，记概念淡化典型，促使心境愉快，遗忘消极情绪。

⑨掌握行之有效的学习方法。比如，可用“快速阅读科学扫描法”浏览大致的内容，用“削枝强干法”记住重点内容等。

⑩适当地放松自己。参加体育活动、听音乐、看电视等，但以不影响学习兴奋度为前提。

⑪确保睡眠时间和适度的营养，处理好与周围事物的关系。

三、老师总结

删除昨天的烦恼，选择今天的努力；抛掉急躁的心情，存储永远的梦想；复制科学的方法，粘贴牢固的知识。神圣的大学殿堂之门一定会为你打开。

在教师激情的演讲声中，背景音乐《我的未来不是梦》缓缓响起。在音乐声、下课铃声和学生的掌声中，教师宣布班会结束。

教后记

“学习高原现象”对大部分高三学生都会有影响。客观地认识和理性地分析是学生克服“学习高原现象”的前提。思想上的“坎”跨过之后，学生能否做出具体行动，并贯彻以强大的执行力，是后期班级管理中应该关注的重点。

我的考场我做主

董佳琳

活动目的

帮助学生客观认识考前担忧、恐慌心理的来源，引导学生自我剖析并掌握自我调控、自我暗示、树立自信的常用方法，在高考前调整好心态，积极应考。

活动准备

（1）学生收集身边同学各种不自信的表现。

（2）学生准备游戏活动。

活动过程

一、活动导入

学生表演情景剧《考前和考后》。由表现力强的学生展示典型的紧张、怯场、不自信、绝望、漫不经心等状态，表演以夸张、具有喜剧效果为佳。

二、活动开始

（一）小游戏：担忧、气馁从哪来

限时做不同难度的练习题，由易到难（小学组、中学组、大学组、未知难度组各 3 题），引导学生回顾自己的做题感受。

面对小学组的简单题时，你紧张吗？

大学组的难题是否让你觉得气馁？

当你面对大学组题目时，紧张的程度相比中学组更高还是更低？未知难度组呢？

没解答出大学组的难题时，你是否会觉得失望？

如果在中学组里“潜伏”了大学组的题，你在不知情的情况下，可能会有什么样的情绪反应？紧张？气馁？自我怀疑？

反思自己的情绪过程，造成我们紧张、担忧、气馁、绝望的根源是什么？

引导学生从对事物的认知客观性、掌控能力、结果与期望值的差异，以及对

未知的恐惧几个方面进行小结：

（1）对面临问题的认知越客观，心态越平和、稳定。

（2）对超出能力范围的目标，降低期望值，焦虑、紧张和自我怀疑的情绪就会得到缓解和纠正。

（3）关注成功的体验，自信心更强；关注失败的体验，挫败感更强。

（二）高三学习生活中不自信的原因

学生自己总结思考，并分享。例如，每个人都有失败的体验，错误和挫折的价值在于帮助我们发现问题并改善，备考阶段正视各种测验中的错题，不能只关注错误而自我怀疑。每个人都有成功的体验，多关注自己的进步和成长，肯定自己，我们就能自信地不断向前。

（三）高考心得分享

（1）高考“3+5+2”；我们的目标不是把所有题都做对，而是把会做的题都做对，做对基础题，拿稳基本分。

（2）北京大学毕业的校友所分享的考试心得中，最重要的一点就是保持良好的心态。不管你曾经取得什么样的辉煌或是曾经失利，此刻应统统归零。考试不仅考的是知识，还有心态，它会很大程度地影响你的发挥，就把它当成平时的一次普通的模拟考试来面对，一切都准备妥当，放下包袱，轻松上阵。其实，谁能发挥出自己最好的水平，谁就是胜利者。

（四）小泽征尔的故事给人的启示

小泽征尔是世界著名的音乐指挥家。世界音乐指挥家大赛决赛时，他被安排在最后。评委交给他一张乐谱，小泽征尔稍做准备便全神贯注地指挥起来。突然，他发现乐曲中出现了一点不和谐，开始他以为是演奏错了，就指挥乐队停下来重奏，但仍觉得不自然，他感到乐谱确实有问题。可是，在场的作曲家和评委会权威人士都声明乐谱不会有问题，是他的错觉。面对几百名国际音乐界权威人士，他不免对自己的判断产生了动摇。但是，他考虑再三，坚信自己的判断是正确的。于是，他大声说：“不！一定是乐谱错了！”他的声音刚落，评委们立即站起来，向他报以热烈的掌声，祝贺他大赛夺魁。

原来，这是评委们精心设计的一个圈套，以试探指挥家在发现错误而权威人士不承认的情况下，是否能够坚持自己的判断。因为，只有具备这种素质的人，才真正称得上是世界一流的音乐指挥家。在三名选手中，只有小泽征尔相信自己而不附和权威人士的意见，他因此获得了这次世界音乐指挥家大赛的桂冠。

主持人：自信是一种力量，无论身处顺境还是逆境，都应该微笑地、平静地面对人生。经过了漫长的积累，我们的能量如同火山里炽热的岩浆，即将在高考的考场上壮丽地喷发。只要我们自信地走上考场，昨日的汗水和付出必将换来明日的荣光！

（五）考场应考策略

（1）平抑心情，调整心态。考生有备进入考场后，一般心情都会紧张，怎么办？我们建议考生先环视考场，熟悉考场环境，笑迎考官，获得自信。等坐稳后，双手手指交叉，带动手臂上下运动，伴随深呼吸，以平抑心情，达到调整心态的目的。

（2）浏览全卷，决定顺序。在配合监考老师核对完答题卡信息后，再做一次放松式心理暗示，相信自己的实力。拿到试卷后要快速浏览，看看考卷共有几页，有多少道题，了解试卷结构，以决定答题顺序。对于理综（物、化、生）和文综（政、史、地），要根据各科难易程度决定答题顺序，协调好各科答题时间。

（3）仔细审题，策略答题。

①认真审题，策略答题，先易后难，先熟后生。先做简单题、熟悉的题，再做综合题、难题。要根据自己的实际情况，果断跳过“啃不动”的题目，从易到难，可以增强信心。但也要注意认真对待每一道题，力求有效，不能走马观花，觉得有点难就退缩，伤害解题情绪。

②先小后大。小题一般是信息量少、运算量小，易于把握，不要轻易放过，应争取在大题之前尽快解决，从而为解决大题赢得时间，创造一个宽松的心理氛围。

③先局部后整体。面对一个疑难问题，确实“啃不动”时，明智的解题策略是将它划分为一个个子问题或一系列步骤，先解决问题的一部分，即能解决到什么程度就解决到什么程度，能演算几步就写几步，确保有效得分。

（4）学会分段得分。高考阅卷评分办法是“分段评分”或“踩点给分”，即踩上知识点就得分，踩得多就得分多。所以对于难度较大的题目，采用“分段得分”的策略实为高招。

（5）立足中档题，提高成功率。考生应明确高考试卷中基础题、中档题通常占全卷的80%以上，是试题的主要构成，是考生得分的主要来源。考生能拿下这些题目，实际上就是打了个胜仗。有了胜券在握的心理，对攻克高档题会更放得开。所以，要集中精力做好基础题、中档题，确保做一题、对一题，争取基础题、中档题不丢分。

（6）果断取舍，抢抓时效。高考是限时限量的选拔性考试，要求在有限的时间内完成全卷，时间紧，不允许考生做大量细致的解后检验，所以要尽量做到准确运算（关键步骤力求准确，宁慢勿快），力争一次成功。不能为追求速度而丢掉准确度，甚至丢掉重要的得分步骤。对于看不懂、没思路的题目应果断取舍，绝不能在难题上纠缠，浪费时间，若对于答案的选择确定有所犹豫，应相信自己第一感觉（特别是英语听力题）。做题要讲时效性，要为提高中档题正确率赢得充足的时间。

（7）检查复审，确保已做题得分。在考试结束前15分钟（即提示音响后），考生不要忙于完卷，应停笔检查选择题答案是否涂上答题卡，避免出现考试结束时答题卡未涂现象；要快速浏览，复审已做的试题是否完整、准确，是否有漏掉的题，所写字母与题中图形上的是否一致，格式是否规范，尤其是要审查答题位置、字母、符号是否有误，确保已做题的正确率。如有时间，再继续抢答，直到考试结束。

三、老师总结

高三的一场场考试，是一次次挑战，也是一次次历练，更是一次次对自信心的打磨。客观地认识自己，制定可行的阶段目标，在步步为营的努力过程中，我们一定能扬起自信的风帆，在考场上成为自己的主人。

教后记

高考在即，几次难度较大的模拟考试给学生带来了消极情绪，焦虑、气馁、自我怀疑的情绪开始在班级蔓延，引导学生客观地认识自己、修订合理的目标、进行积极的自我暗示、强化考前自信的心态，是使学生走进考场正常发挥的有力保障。班会之后，仍然需要对个别学生进行跟进，强化其积极心理，做到班级工作的“点面结合”。

参考文献

［1］教育部师范教育司. 教师专业化的理论与实践［M］. 北京：人民教育出版社，2003.
［2］韩东才，李季，王小棉，等. 班主任基本功：班级管理的基本技能［M］. 广州：暨南大学出版社，2009.
［3］人民教育编辑部. 班主任专业化指南［M］. 北京：高等教育出版社，2010.
［4］韩东才，李季. 德育新思维［M］. 广州：广东高等教育出版社，2010.
［5］郑航. 班级管理与学生指导［M］. 北京：北京师范大学出版社，2011.
［6］李季，李楠. 小学德育问题与对策［M］. 北京：中国轻工业出版社，2012.
［7］李季，梁刚慧，贾高见. 小活动　大德育：活动体验型主题班会的设计与实施［M］. 广州：暨南大学出版社，2012.